dtv

Arno Borst

Computus

Zeit und Zahl in der Geschichte Europas

Deutscher Taschenbuch Verlag

Abb. S. 2: Mittelalterliche Nacht. Aus einem Psalterium, Paris um 1220, heute Bibliothèque de l'Arsenal Paris. In der Mitte Anpeilen eines Sterns mit Astrolab und Sehrohr, rechts Nachschlagen des momentanen Sonnenstands in einer arabischen Planetentafel, links Eintragung von Sternhöhe und Sonnenstand in ein lateinisches Buch, danach anhand beider Zahlen Ablesen der Stunde am Astrolab.

Abb. S. 6: Moderner Tag. Aus einem Druck Venedig 1496. Ptolemäus und Regiomontanus unter einer Armillarsphäre. Dieses antike Lehrgerät wurde seit dem 15. Jahrhundert oft als Sonnenuhr benutzt, mit der Polachse als Schattenstab und dem Mittelring (Equinoctialis) als Stundenskala.

Arno Borst, geboren 1925, lehrte bis zu seiner Emeritierung Mittlere und Neuere Geschichte an der Universität Konstanz. Für seine Werke wurde er mit zahlreichen Preisen ausgezeichnet, zuletzt 1996 mit dem Premio Balzan. Veröffentlichungen u. a.: ›Die Katharer‹, ›Lebensformen im Mittelalter‹, ›Reden über die Staufer‹, ›Mönche am Bodensee‹, ›Barbaren, Ketzer und Artisten‹ sowie ›Der Turmbau von Babel. Geschichte der Meinungen über Ursprung und Vielfalt der Sprachen und Völker‹ (dtv 59028).

Durchgesehene und erweiterte Ausgabe
November 1999
Deutscher Taschenbuch Verlag GmbH & Co. KG, München

Umschlagkonzept: Balk & Brumshagen
Umschlagfoto: © PP/Bavaria Bildagentur
Satz: IBV, Berlin
Druck und Bindung: C. H. Beck'sche Buchdruckerei, Nördlingen
Gedruckt auf säurefreiem, chlorfrei gebleichtem Papier
Printed in Germany · ISBN 3-423-30746-3

Inhalt

ANIM VS
ALTIOR INCVBV IT
SVBIMAGINE MVNDI
Circulus articus
Polus zodiaci
Tropicus Cancri
Zodiacus
Equinoctialis
Tropicus Capricorni
Polus Antarticus mundi
PTOLE MEVS
IOHANES DE MONTE

Mittelalterlicher Kalender und europäische Geschichte

In dem Buch ›Über die Zeit‹ entwarf der Soziologe Norbert Elias 1984 eine Geschichte des europäischen Kalenders, mit erhellenden Ausblicken quer durch die Epochen. Die Antike habe die wenigen Zeitsignale, die sie brauchte, an Naturerscheinungen abgelesen, doch sei der Gang der Natur »für die menschlichen Erfordernisse nicht regelmäßig genug«. Deshalb habe die Moderne ein dichtes System aus Zeitsymbolen konstruiert, von Menschen gemacht und auf ihre sozialen Beziehungen zugeschnitten. Nur das Mittelalter blieb bei Elias im Dunkel. Die Kirche, »immer unwillig, mit Traditionen zu brechen«, habe den Kalender Julius Caesars fortgeschleppt und zu seiner Verbesserung nichts unternommen. Denn das Mittelalter habe zwischen objektiver Naturzeit und subjektiver Menschenzeit nicht unterschieden, sondern beide aus derselben Schöpfung Gottes abgeleitet[1]. Ob die Epoche wirklich so unschlüssig bei einem veralteten Kalender verharrte, ist meine erste Frage.

Umgekehrt hielt der Soziologe Günter Dux das Mittelalter 1989 für die ergiebigste Periode, um die Entwicklung der Neuzeit zu untersuchen. Nur achtete er nicht auch auf die Liturgie des Kalenders, sondern allein auf die Ökonomie der Arbeit. Das Kloster des agrarischen Frühmittelalters lebte nach Dux noch in den Verrichtungen des Tags und des Dorfs, mit einer kleinräumigen und kurzfristigen Handlungslogik, um die sich, wie in allen naturwüchsigen Kulturen, weitschweifige Mythen rankten. Erst das Zusammenwirken von Handwerk und Handel in der europäischen Stadt habe seit dem 12. Jahrhundert einen rechenhaften Umgang mit Zeit und Geld erzwungen; um auf dem Markt zu überleben, hätten Gewerbetreibende mit der in Produkte investierten Zeit zu rechnen begonnen. Sinnbild der abstrakten Weltzeit, die seitdem alle gleichzeitigen Ereignisse im Universum verknüpfe, sei die Räderuhr geworden, der Prototyp aller Maschinen. Den Menschen sei der materielle Wandel allerdings erst drei Jahrhunderte später zu Bewußtsein gekommen und habe dann das moderne Weltbild begründet[2]. Demnach wäre das Mittelalter kein Zeitalter der Mitte gewesen und hätte sich selbst falsch verstanden. Ob wir es wirklich in eine archaisch-religiöse und eine modern-ökonomische Epoche zerlegen müssen, ist meine zweite Frage.

Auch Historiker blicken bisweilen über Epochenzäune hinweg. Thomas Nipperdey entdeckte 1981 aus der Fernperspektive des Neuzeithistorikers einen anderen Aspekt als Elias und Dux, die Modernität der mittelalterlichen Zeitvorstellung, und zwar gerade der genuin religiösen, »der jüdisch-christlichen Idee einer gerichteten, auf ein Ziel zulaufenden Geschichte, der Heilsgeschichte«. Nach Nipperdey macht es »das Europäische aus, daß der Mensch seine eigene Welt in Gedanken und Erwartung auf eine andere Welt hin zeitlich überschreitet und transzendiert . . . So gewiß zwischen der Ewigkeit des Mittelalters und der Zukunft der Neuzeit ein entscheidender Unterschied besteht, diese Zukunftsorientierung des Menschen, der nie ganz im Hiesigen zu Hause ist, aus ihm heraussteht, sie verbindet den mittelalterlichen mit dem neuzeitlichen Menschen«[3]. Ob die Epoche aus ihrer eigenen Zeit wirklich so entschlossen zur Zukunft aufbrach und darüber sogar die Sorge für Tagewerk und Kalenderzeit vernachlässigte, ist meine dritte Frage.

Elias, Dux und Nipperdey treffen sich darin, daß sie die Geschichte des Zeitbewußtseins von unserer Gegenwart her betrachten und dem Mittelalter kein starkes Gefühl für seine Gegenwart zutrauen. Ihre Annahme wird durch eine Tatsache in Frage gestellt, die der Nahperspektive des Mittelalterhistorikers auffällt. Zu meinem Vortrag, der die Umrisse der vorliegenden Studie erstmals skizzierte, wurde mit den Worten eingeladen, er finde »am Mittwoch, dem 2. März 1988 um 18 Uhr s. t.« statt. Alle dabei gebrauchten Zeitzeichen, verbale wie numerische, stammen aus dem Mittelalter; nur die scheinbar altertümlichste Floskel, *sine tempore*, ist modernes Studentenlatein[4]. Daß mittelalterliche Bezeichnungen noch heute zu rationeller Zeitbestimmung taugen, spräche für die These Max Webers, die der Wirtschaftshistoriker David Landes 1983 auf das Zeitverständnis zuspitzte. Demnach hätte das benediktinische Mönchtum des Frühmittelalters durch Festlegung der Gebetsstunden und Arbeitszeiten die moderne europäische Zeitmessung und Zeitdisziplin begründet[5]. Richtete sich die Epoche ihre Gegenwart wirklich schon in ihrer ersten Phase wie ein Zuchthaus für Frevler und Faulenzer ein? Das ist meine vierte Frage.

Festgelegt wurden mittelalterliche Zeitangaben in einem Verfahren, das zu Anfang wie zu Ende der Epoche *computus* oder *compotus* hieß[6]. Mein Lehrer Herbert Grundmann kennzeichnete 1960 das Verhältnis heutiger Mediävisten zum Computus so: »Diese gelehrte Komputistik des Mittelalters zu verstehen und nachzuprüfen, die damals jeder Kleriker im Quadrivium mühsam erlernen mußte, gelingt heute nur noch wenigen Fachleuten – nicht etwa, weil sie müßiges Gedankenspiel gewesen wäre, sondern weil wir von ihren inzwischen verbesserten Ergebnissen zehren, wenn wir bequem unseren Taschenkalender befragen«. Unsere Bequemlichkeit geht so weit, daß heutige Historiker über Zeit im Mittelalter reden und den Computus vergessen[7]. Sie heben Geld vom Konto ab und schreiben Texte auf dem Computer, ohne zu merken, daß die Worte *Konto* und *Computer* sprachlich von *computus* abstammen. Umgekehrt wissen sogar geschichts- und sprachbewußte Computerspezialisten nichts von der Vergangenheit des Wortes, das ihre Parole der Zukunft ist[8]. Was die Begriffe *computus* und *Computer* sachlich miteinander verbindet, wieviel Mittelalter also in unserer Gegenwart enthalten ist, ist meine fünfte Frage.

Alle Fragen in eine gefaßt: Wie rechnete das europäische Mittelalter mit seiner Zeit, und was davon hat es aus der Antike übernommen, was an die Neuzeit vererbt? Um darauf zu antworten, verfolge ich, über die Fachzäune der Wissenschaften hinweg, die Geschichte des Computus, des Worts und der Sache[9].

Göttliche, menschliche und natürliche Zeit in der griechischen Antike

Die Sache war älter als das Wort. Denn nie konnten Menschen die Zeit abschreiten, durchmessen, einzäunen wie den Raum; sie mußten Zeit stets durch Zeichen wahrnehmen und darstellen, die ihrerseits der Deutung bedurften und verschieden gedeutet werden konnten. Auf den Gedanken, Zeit durch Kreise, Linien oder Zahlen abzubilden, verfiel freilich keine Frühkultur. Ohne mathematische Vorbildung stellte sich niemand Zeit als zyklisch oder linear vor, angesichts von Kreisen, die sich niemals rundeten, von Linien, die sich ständig bogen, von Figuren, die ineinanderflossen und auseinanderliefen. Was die Menschen am ehesten als Zeit wahrnahmen, war ein unheimliches Oszillieren von Gegensätzen. Einige kehrten im Naturgeschehen immer wieder, wie Tag und Nacht, Sommer und Winter; andere prägten das Menschengeschick unwiederholbar, wie Jugend und Alter, Geburt und Tod[10].

Die innere Uhr des menschlichen Organismus stimmt mit den äußeren Rhythmen in der Natur nicht ganz überein. Zwar können die Menschen biologische Abläufe nicht gänzlich unterdrücken: das Schlafbedürfnis, das vom Wechsel zwischen Tag und Nacht gesteuert wird; die Rhythmen des Zeugens und Gebärens, die mit dem Mondmonat zusammenhängen; die Fristen für Aussaat und Ernte, die sich nach der Jahreszeit richten. Aber diese elementaren Perioden, denen Pflanzen und Tiere bedingungslos unterliegen, lassen sich bei Menschen vorwegnehmen oder hinauszögern, wenn es persönliche Zwänge oder gar gemeinsame Ziele gebieten. Menschen vermögen sich Zeit in Grenzen gefügig zu machen, weil sie sie als einzige Lebewesen erkennen. Allerdings bleiben sie der Natur so weit verhaftet, daß sie Zeitmaße nicht beliebig miteinander verabreden können. Sie müssen versuchen, ihre in sich schon verwickelten sozialen Abläufe auf die natürlichen Umschwünge von Erde, Sonne, Mond und Sternen abzustimmen, die aber auch keinem einheitlichen Maß folgen. So gelangen wir weder zu klaren Begriffen noch zu glatten Zahlen, die uns sonst das Dasein geordnet zur Verfügung stellen. Zeit läßt sich entweder auf augenfällige Erfahrungen ausrichten – dann ist sie nicht konsequent – oder in ein folgerichtiges Gedankensystem einbinden – dann ist sie nicht präzis.

Aus diesem quälenden Zwiespalt zogen geschichtliche Gemeinschaften seit jeher unterschiedliche Folgerungen, je nachdem, wie sie die Stellung des Menschen vor Gott, in der Natur und zu seinesgleichen begriffen. Zeit erschien den einen als von Ewigkeit her festgestellt, göttlicher Vorsehung anvertraut, geselliger Absprache entzogen; anderen als letztlich wohl unergründlich, jedoch pragmatischer Annäherung zugänglich, menschlicher Verständigung dienlich; wieder anderen als bloß vorläufig verborgen, von Ignoranz umnebelt, durch beharrliche Forschung aufzuklären. Alle Möglichkeiten zugleich wurden in der altgriechischen Kultur erörtert; die Häufung des Unvereinbaren erzwang rationale Verfahren, um die vieldeutigen Erfahrungen von Zeit wenigstens in eindeutige geometrische und arithmetische Zeichen zu bannen. Daraus erwuchs die ebenso unlösliche wie spannungsreiche Verbindung zwischen Zeit und Zahl, die dann Europas Geschichte geprägt hat.

Drei Entwürfe bahnten diese Verbindung im 5. und 4. Jahrhundert vor Christus an, mit entgegengesetzten Gründen und Zielen. Der älteste Entwurf, in den ›Erkundungen‹ des Joniers Herodot von Harlikarnass, legte die von den Perserkriegen bestimmte Lebenserfahrung der letzten Generation zugrunde. Der Vater der Geschichtsschreibung mußte, als er um 450 die Geschichte dieser Kriege erzählte, den griechischen Horizont überschreiten. Er verglich grundverschiedene Zeitbegriffe und Geschichtsbilder miteinander, die Altertumskunde der Babylonier und Ägypter mit der jugendlichen Neugier der Hellenen, die demokratische Verfassung griechischer Stadtstaaten mit der monarchischen des persischen Großreichs. Hier jährlich wechselnde Amtsträger, dort eine Dynastie über Generationen. Die Sterblichen auf der vielgestaltigen Welt hatten nur eines gemeinsam: Zeitgenossenschaft. Wo sie handelnd und reagierend aufeinandertrafen, vollzog sich Geschichte, und durch ihre relative Gleichzeitigkeit datierte sie Herodot.

Sechs Jahre nach dem Tod seines Vorgängers Dareios begann der persische Großkönig Xerxes den Feldzug nach Griechenland, den gewaltigsten der bisherigen Geschichte. »Drei Monate nach der Überschreitung des Hellespont... drangen die Barbaren in Attika ein. Kalliades war damals Archon von Athen. Sie nahmen die leere Stadt in Besitz.« Moderne Forscher vereinen die beiden Angaben über König und Archon in der einen Jahreszahl ›480 vor Christus‹. Doch die Griechen besaßen zu Herodots Zeit noch kein ähnliches Epochenjahr, weder für ihre eigene Vergangenheit noch gar für eine Weltzeit; sie datierten den Beginn ihrer gemeinsamen Olympischen Spiele, wenn überhaupt, auf ›776‹, auf ›1580 vor Christus‹ oder noch weiter zurück. Herodot konnte nicht einmal ausdrücken, daß ›480‹ das Epochenjahr seiner Gegenwart war und im Mittelpunkt dessen stand, was er über die drei Menschenalter zuvor und danach aufschrieb. Denn er sah seine Lebenswelt nicht in einer Zeitreihe sich entwickeln, sondern in Namen und Schicksale vieler Amtsträger und Herrscher zerfallen, in Lebensläufen einzelner Menschen und ganzer Gemeinschaften von der Geburt zum Tode streben, »von Null zu Null«. Über Lebensdaten hinaus fand er keinen Ausgangs- und Zielpunkt für die Erstreckung von Zeit und Zahl.

Wohl wußte Herodot, daß die Babylonier mit Sonnenuhr und Schattenstab ihren Tag in zwölf Stunden teilten; bekannt war ihm auch, daß die Ägypter als erste die Länge des Jahres feststellten, es in zwölf Monate gliederten, mit astrologischer Sorgfalt Monat und Tag einer Geburt erkundeten. Er war Weltbürger genug, um zu gestehen, daß die Hellenen diese Kenntnisse bei den Orientalen erlernten. Weil auch die Griechen, lässiger als fremde Antiquare, Zeitmaße zu zählen anfingen, konnte Herodot historische Ereignisse chronologisch aufeinander beziehen und so »aus dem Chaos von Greisengeschwätz den Kosmos der Geschichte« schaffen. Aber wann Jahr, Monat und Stunde begannen und endeten, dafür erkannte Hellas kein allgemeines Gesetz an und begnügte sich mit örtlichen Bräuchen, also mit Wildwuchs.

Herodot vererbte seinen Nachfolgern diesen pragmatischen Standpunkt, beinahe bis heute. Staatsmänner und Feldherren dachten in kurzen, leicht abzählbaren Fristen; denn allein unter Zeitgenossen fanden sie ihre Anhänger und Gegner, der Zufall der Gleichzeitigkeit entschied über ihren Erfolg und Nachruhm. Auch Historiker beurteilten politische und militärische Ereignisse in einem engen Zeitrahmen und verquickten sie durch simple Zahlen miteinander, nach dem Muster: »Drei Tage nachdem hier der eine dieses getan hatte, widerfuhr dort dem anderen jenes.« Worauf sich die Kombination von Zahl und Zeit letzten Endes bezog, berührte weder die Politik noch die Historie. Darüber nachzudenken war Aufgabe der Philosophie[11].

Platon von Athen bewältigte sie nach 360 so hochfliegend und tiefschürfend, daß sein Dialog ›Timaios‹ alsbald zum Grundbuch aller Zeittheorie wurde. Lächelnd verwarf er zu Beginn die historisch-politische Deutung Herodots, indem er von dem athenischen Staatsmann Solon erzählte. (Der hatte als Grundmaß der Zeit die Lebensdauer des Menschen gewählt, aufgeteilt in zehn Phasen zu sieben Jahren.) Nach Platons Bericht trug Solon einem ägyptischen Priester die heimischen Mythen von den ersten Menschen vor und versuchte »sich daran zu erinnern, wie viele Jahre das, wovon er sprach, dauerte, und so die Zeiten auszurechnen *(tous chronous arithmein)*«. Der alte Ägypter wunderte sich über die Kindermärchen der Griechen und wies aus seinen Tempelurkunden nach, daß Solons Vorfahren in Athen schon vor achttausend Jahren einen nahezu vollkommenen Staat begründet und den Überfall des mächtigen Atlantis auf die Völker am Mittelmeer abgewehrt hatten. Historische Zeitrechnung war an schriftliche Überlieferung gebunden, nun gut; aber nicht auf siebzig Jahre eines Menschenlebens oder acht Jahrtausende einer Stadtgeschichte kam es an, sondern auf Einsicht in die Struktur der Zeit überhaupt. Sie entsprang nicht der täglichen Erfahrung, sondern abstraktesten Thesen, die sich nur in Bilderreden mitteilen ließen.

Der erzeugende Vater erfüllte das All als Abbild der ewigen Götter mit Bewegung und Leben und wollte es dem Urbild noch ähnlicher machen. Da jedoch die Natur des Lebendigen überzeitlich ist, konnte er sie nicht vollständig auf Gewordenes übertragen. »Doch beschloß er, ein bewegliches Abbild der Lebensfülle *(aion)* zu schaffen. Während er also den Himmel einrichtete, schuf er von der Lebensfülle, die in dem Einen verharrt, ein Abbild, das sich nach dem Gesetz der Zahl bewegt. Wir haben diesem Abbild den Namen Zeit gegeben. Tage und Nächte, Monate und Jahre gab es nicht, bevor der Himmel hervortrat; nun aber setzte er gleichzeitig mit dessen Erschaffung auch ihre Entstehung ins Werk.« Wenn der Mensch, erst nachher von anderen Göttern geschaffen, der Zeit einen Namen gibt und ihre Teile zählt, übersetzt er das volle Leben bloß in seine Vergänglichkeit. Er liest dem Kosmos ein Nacheinander von Zeichen ab, deren ursprüngliche und unzerteilte Wirklichkeit seine Fassungskraft übersteigt. Das wahre »Es ist« kommt allein dem Seienden zu, der Mensch lebt im »Es war« des Gewordenen und im »Es wird sein« des Werdenden, in den Schattenzonen Vergangenheit und Zukunft. Die Sonne ewiger Gegenwart scheint hinter seinem Rücken.

»Auf daß die Zeit entstünde, wurden Sonne, Mond und fünf andere Sterne, die sogenannten Planeten, geschaffen, zur Abgrenzung und Bewahrung der Zeitzahlen«. Die Symbolik der Zahlen aufzuspüren, hatte Platon von Pythagoras gelernt; er baute dessen Spekulationen schon in die Sternkunde ein, bevor sie die Bahnen der Gestirne nachzumessen verstand. Darum kritisierte er die zeitgenössische Astronomie. Die Menschen nutzen von den kosmischen »Werkzeugen der Zeit«, ihren ineinandergreifenden Umlaufbahnen, Geschwindigkeiten und Zahlenverhältnissen lediglich die drei schnellsten Zyklen: eine Drehung der Fixsternsphäre für Nacht und Tag, einen Mondumlauf für den Monat, eine Kreisbahn der Sonne für das Jahr. Das macht ihren Kalender unvollkommen, auch wenn sie Mondmonat und Sonnenjahr schon zu Lunisolarzyklen von mehreren Jahren addieren. Die Sterblichen übersehen, daß die vollständigste Zeitzahl, das Große Jahr, in dem sich der Kalender gänzlich rundet, erst erreicht ist, wenn alle Gestirne und Sphären ihre Umläufe vollendet haben, nach unendlich vielen Jahren. Dieses Weltjahr taugt nicht für kurzatmige Summierung von Jahreszahlen, gerade weil es dem Kerngehalt der Zeit nahekommt, Abbild der Lebensfülle zu sein. Die kosmischen Zeichen verweisen mithin auf unsere ewigen Ideen, nicht auf unseren dürftigen Alltag. »Nun bewirkten Tag und Nacht, die Umläufe der Monate und Jahre, Tagundnachtgleichen und Sonnenwenden, indem wir sie sahen, die Entdeckung der Zahl und ermöglichten uns die Vorstellung der Zeit und die Suche nach der Natur des Ganzen«, den Zugang zur Philosophie, zum größten Göttergeschenk an das Menschengeschlecht[12].

Im öffentlichen Leben griechischer Städte genossen Kenntnisse von Zahl und Zeit aus anderen Gründen hohe Schätzung: Sie waren mannigfach nützlich. Die Menge gebrauchte Arithmetik, Geometrie und Astronomie für ihren Vorteil, beim Handel und im Krieg. »Ein geschärftes Auge für die Zeitgrenzen der Monate und Jahre kommt der Landwirtschaft und der Schiffahrt zugute, nicht weniger der Kriegskunst«, meinte ein Leichtfuß. Platon gönnte ihm den Spaß am Vergänglichen; doch den Blick des Einsichtigen lenkten diese Wissenschaften vom Entstehenden und Vergehenden weg zum Seienden und zur reinen Erkenntnis. Ihr Vorbild war der göttliche Werkmeister und die Ewigkeit seiner Bewegung, ihr Werkzeug die Mathematik der idealen Zeichen und Figuren[13]. Mit der Entrückung der Zeit in die doppelte Unzugänglichkeit religiöser und mathematischer Symbole schuf Platon ein Modell, das bis in die europäische Neuzeit sowohl fromme wie gelehrte Eliten inspirierte.

Aber mußten die Spiele des gesunden Menschenverstands an der Oberfläche bleiben? Wenigstens konnten sie die Welt für ihre Bewohner durchsichtig und überschaubar gestalten. Wenn der Kosmos von der äußersten Fixsternschale bis zur Erde im Zentrum hierarchisch gestuft war, wenn seine Sphären offenbar unterschiedlichen Gesetzen gehorchten, dann sollte die Philosophie nicht nur in erhabenen Bildern vom Unfaßlichen und Umfassenden reden, sondern auch die Regeln sinnlicher Wahrnehmung auf Erden realistisch zergliedern, den Platz von Zeit und Zahl in den einzelnen Feldern menschlichen Daseins erforschen.

Das unternahm auf eine für spätere Epochen, zumal das Mittelalter höchst folgenreiche Weise der größte Schüler und Widersacher Platons, Aristoteles von Stagira, um 330 vor Christus. Dem menschlichen Zeichensystem des Denkens und Sprechens billigte er, anders als Platon, eigene Gesetze und damit auch Gegenwart zu, ein »Es ist«. Seine Schrift über Sätze und Urteile gliederte Zeit so, wie es ihm die griechische Sprache anbot, ausgehend von der bestimmbaren Gegenwart des Sprechenden, angelehnt an eine bestimmte Vergangenheit, ausblickend in eine unbestimmte Zukunft. Dieser philologischen und psychologischen Zeit ordnete Aristoteles keine Zahlen zu[14]. Ähnlich behandelte er die politische und historische Zeit. Sein Werk über Politik unterschied zwei Hauptstadien der Verfassungsgeschichte, die Zeit ›zuvor‹, als die Griechen noch unter Königen und in kleinen oligarchischen Verbänden lebten, und die Zeit ›danach‹, als Verfassungsstaaten eingerichtet wurden und sich mit wachsender Bevölkerungszahl die derzeitige Demokratie durchsetzte.

Wie die Strukturen, so ließen sich die Ereignisse miteinander, genauer: mit der Gegenwart vergleichen und in eine Perspektive rücken, die unsrige. »Der Trojanische Krieg ist früher als der Perserkrieg, weil er weiter von der Gegenwart entfernt ist.« Man kann generell sagen, »daß die Menschen von Troja früher lebten als wir, ihre Vorfahren früher als sie« und so fort. Die Unübersichtlichkeit ihres Nacheinander verurteilte sie freilich zum Tod: »Die Menschen gehen zugrunde, weil sie nicht imstande sind, den Anfang mit dem Ende zu verknüpfen.« Allgemein betrachtet, wäre das Leben der Toten nicht anders als unseres und stünde in einem Kreis ohne Zuvor und Danach.

Da es dem Philosophen um das Allgemeine ging, kritisierte Aristoteles die Geschichtsschreiber, vorweg Herodot, weil sie nur das Besondere darstellten. Während Poeten wie der Epiker Homer den Trojanischen Krieg als möglichen Handlungszusammenhang mit Anfang, Mitte und Ende erzählten, beschrieben Historiker bloß einen wirklichen Zeitabschnitt, in dem sich viele Menschenschicksale zwar gleichzeitig, aber unabhängig voneinander abspielten. Es fiel Aristoteles nicht ein, diese Ansammlung von Zufällen nach Kalenderjahren oder Olympiadenzyklen zu beziffern[15]. Anders bei der physikalischen Zeit. In seiner ›Physik‹ schrieb er: »Zeit ist die Zahl der Bewegung in bezug auf das Frühere und Spätere«[16].

Den gemeinsamen Nenner für beobachtete Natur und wahrnehmenden Menschen besprach Aristoteles in der Abhandlung über Grundformen der Aussage. Zeit und Zahl gehören beide der Kategorie der Quantität an und sind nach Früher und Später geordnet, die Zeit, »indem der eine Teil von ihr früher und der andere später ist«, die Zahl, »indem die Eins früher als die Zwei und die Zwei früher als die Drei gezählt wird«. Am liebsten faßte Aristoteles die verschiedenen Beziehungen des Menschen zur Zeit in das Bild eines Mannes, der ein Haus errichtet. Indem er baut, bildet er sich zum Baumeister. Er verwendet das vorhandene Rohmaterial zielbewußt, damit etwas Wesen und Dauer gewinne, damit sich Zeit verwirkliche, und sie ergänzt, was ihm fehlt, als seine »Erfinderin und Mitarbeiterin«[17].

Und die Gestirne? Aristoteles stimmte Platon darin zu, daß Sonne, Mond und Sterne endlos und regelmäßig kreisen, folgerte daraus aber bloß, daß solche Bewegungen am leichtesten für Menschen faßlich sind. »Man mißt Bewegung durch die einfache, schnellste Bewegung. Darum legt man in der Astronomie als gleichmäßigste und schnellste Bewegung die des Himmels zugrunde und beurteilt nach ihr die übrigen.« Wohlgemerkt, der Himmel gibt den Menschen das kürzeste Maß des Moments vor, nicht das längste des Großjahrs. Auch so, aus der Nähe besehen, sind die Gesetze der Astronomie alles andere als einfach und geben der Sinneswahrnehmung zahlreiche Rätsel auf. Die Sonne bewegt sich gleichmäßig, aber ihre irdischen Schatten nehmen einmal zu, dann wieder ab; mittags, wenn sie am höchsten steht, wirft sie den kürzesten. Der Mond ist kugelrund, aber der Halbmond erscheint uns wie gerade abgeschnitten; obwohl er der Erde näherkommt als die Sonne, sind seine Schatten länger als ihre. Warum es so ist (und was zwischen Sonne und Sonnenuhr tritt), kann man physikalisch erklären, aber natürliche Zahlen, die Ganzheiten und Einheiten der griechischen Arithmetik, ordnen die Welt nicht einmal bis zum Mond[18].

Die drei Entwürfe, der historisch-politische Herodots, der religiös-mathematische Platons und der philologisch-physikalische des Aristoteles, gediehen nebeneinander, solange sie Schichten einer homogenen Welt abstuften, Bräuche der Menschen, Gesetze der Götter, Regeln der Natur. Ihre Unvereinbarkeit trat erst ganz zutage, als sich die hellenistische Spätkultur fast über die gesamte Ökumene ausdehnte; von allen Substraten nahm sie die widersprüchlichsten politischen, religiösen, geistigen, ökonomischen Anregungen auf. Zu ihnen gehörten die beiden wichtigsten Systeme naturwüchsiger Zeiteinteilung, der jüdische, nach Bedürfnissen von Hirten eingerichtete Kalender, der auf der wechselnden Gestalt des Mondes in seinen Phasen beruhte, und der ägyptische, an der Arbeit von Bauern orientierte, der sich nach der vermeintlichen Bahn der Sonne durch ihre Jahreszeiten orientierte. Beide Zeitmesser am Himmel überzeugten durch Augenschein, der bei Nacht leichter als der bei Tag. Denn wer sich auf den Mond verließ, konnte eine kurze Spanne nach den vier Mondphasen bemessen, die lange Dauer nach dem synodischen Monat, den rund 29½ Tagen von einem Neumond zum nächsten. Wer hingegen nach der Sonne sah, fand ein zu kleines und ein zu großes Maß, hier den rasch vergehenden, einmal kürzeren, einmal längeren Tag von der Morgenröte bis zur Abenddämmerung, dort das tropische Jahr, die rund 365¼ Tage von einem Frühling zum andern[19].

Für eine ebenso feingliedrige wie langfristige Zeiteinteilung brauchte man sowohl den Tag wie die Nacht, das Zusammenspiel beider Himmelsleuchten. Nach Querverbindungen zwischen Sonne und Mond suchten bereits babylonische Astronomen im zweiten Jahrtausend vor Christus. Perser und Griechen des fünften Jahrhunderts wußten schon, daß der Neumond nach etwa 19 Sonnenjahren, beinahe 6940 Tagen, wieder auf den gleichen Sonnentag fällt. Aber selbst dieser Lunisolarzyklus ging in keiner ganzen Zahl auf und benötigte unlogische Hilfskonstruktionen, die Zweiteilung der Mondmonate in solche mit 29 und solche mit 30 Tagen und die Anfügung eines dreizehnten Mondmonats in sieben der 19 Sonnenjahre. Mit derartigen Komplikationen fand sich nicht die pythagoreisch-platonische Arithmetik ab, die nach wie vor in ganzen Zahlen und einfachen Proportionen dachte, wohl aber die aristotelische Astronomie.

Die Wasseruhr des Ktesibios von Alexandria, 3. Jahrhundert vor Christus. Rekonstruktion von Daniele Barbaro in seiner Vitruv-Edition 1566, mit Schwimmer, Kettenwinde, Räderwelle und (nach dem Vorbild neuzeitlicher Astrolab-Uhren stilisiertem) Zifferblatt, ohne den wichtigsten Teil, das Reguliersystem für gleichmäßige Wasserzufuhr.

In stürmischem Aufschwung errang sie in den fünfhundert Jahren zwischen Eudoxos von Knidos und Ptolemaios von Alexandria das Monopol für exakte Zeitberechnung und entwickelte Werkzeuge für präzise Zeitmessung. Sie holte die Bewegung der himmlischen Sphären in die starren Klimazonen auf der Erde herein und duldete deshalb keine Alternative zwischen zyklischer oder linearer Deutung der Zeit. Auch der Erfinder der sinnreichsten Wasseruhr, Ktesibios von Alexandria, mußte im 3. Jahrhundert vor Christus den Sonnenkreis mit den Schattenebenen astronomisch-geometrisch kombinieren, überdies das Auf und Ab der Schwimmer und Gewichte mit dem Umschwung der Räder und Zeiger physikalisch-technisch verzahnen[20]. Daß sich Zeit weder als Kreis noch als Gerade darstellen ließ, wußten vollends die hellenistischen Historiker, die Nachfolger Herodots[21].

Die Laien der antiken Welt, denen der überschaubare Raum Verwurzelung schenkte und Einhalt gebot, lebten nicht in solchen künstlich ermittelten Takten der kurzen oder langen Dauer, eher im mittleren Rhythmus der sieben Wochentage. Aus vielerlei östlichen und westlichen Impulsen entstanden, gliederte er Arbeit und Muße überschaubar. Weder in den Mondmonat noch in das Sonnenjahr paßte die Woche ohne Rest, sie ließ sich aber mit den Stellungen aller sieben Hauptplaneten verschränken. Neben Sonne und Mond traten andere Gestirne immer deutlicher hervor, als Beherrscher des ersten Tages der Unglücksbringer Saturn, dem man gern durch Nichtstun auswich. So wurde der ›Samstag‹ zum Ruhetag, wie der jüdische Sabbat aus ganz anderen Gründen. Die Einwirkung der Planeten lenkte den Alltag des Menschengeschlechts vielleicht gründlicher, als es politische Machenschaften vermochten[22]. Die Universalität von Zeit konnte jedoch erst ausgedrückt und in allgemeingültige Zeitrechnung und Zeitmessung umgesetzt werden, wenn der antike Polytheismus und Polyzentrismus verworfen, die Einheit aller göttlichen, natürlichen und menschlichen Ordnungen überall erlebt und bejaht wurde.

Weltzeit und Heilszeit in der römischen Antike

Die politischen Bedingungen für eine Vereinheitlichung von Welt und Zeit wurden in Rom geschaffen. Dort gehörte es zu den Pflichten der Priester, die Liste der jährlichen Amtsträger und Feiertage, die *Fasti*, zu führen, den Anfang jedes Monats, die *Kalendae*, nach dem Mondstand auszurufen, die wichtigsten Ereignisse eines Jahres in *Annales* aufzuzeichnen und nach einem *saeculum* von etwa hundert Jahren, der Zeitspanne längster Lebenserfahrung, festlich innezuhalten. Ohne ihre fromme und gelehrte Bemühung würden wir nicht von *Festen, Kalendern, Annalen* und *säkularen* Ereignissen reden; doch nicht einmal über den Beginn ihrer Stadtgeschichte, das erste Jahr des Romulus, einigten sie sich, obwohl sie es mit griechischen Olympiadenzyklen zu synchronisieren versuchten.

Gaius Julius Caesar machte im Jahr 46 vor Christus dem heimlichen Gezänk der Hierarchen ein Ende. Er führte nach dem Vorschlag ägyptischer Experten einen reinen Sonnenkalender ein, legte dessen Voraussetzungen für jeden Wißbegierigen offen und sorgte so nicht nur für die Umsetzung gelehrter Theorien in soziale Praxis, sondern auch für seine Herrschaft über die Zeit und für einheitliche Verwaltung des römischen Weltreichs. Seine Kalenderreform regulierte auf lange Sicht jegliche Idee einer Weltzeit. Wer heute von ›Schalttag‹ redet, huldigt dem Andenken Caesars immer noch so wie jeder, der ›Juli‹ sagt. Sofortige Wirkung zeigte sein Vorbild in der römischen Führungsschicht, die in genauer Beachtung der Stunde einen Ausweis von Bildung und Macht zu sehen begann. Vornehme Römer ließen sich in ihren Wohnhäusern hellenistische Sonnen- und Wasseruhren einbauen, die von Sklaven gewartet wurden; Vitruvs Handbuch der Baukunst lehrte die Architekten, vielerlei solche Uhren zu konstruieren[23].

Octavianus Augustus übertrumpfte seine Mitbürger und hob die caesarische Tradition ins Sakrale. Bald nach der glanzvollen Säkularfeier von 17 vor Christus, die den Anbruch eines neuen Zeitalters verkündete, ließ er um 10 vor Christus auf dem Marsfeld in Rom einen ägyptischen Obelisken aufstellen, der seinen kürzlichen Sieg über Ägypten und sein kommendes Friedensreich feiern sollte. Die riesige Nadel aus Stein, dem Sonnengott und der glückverheißenden Geburt Oktavians gewidmet, bildete den Schattenstab einer gewaltigen Sonnenuhr, deren griechisch bezeichnetes Liniennetz auf dem Fußboden des Platzes die Länge der Stunden, Tage, Monate und Tierkreiszeichen anzeigte. Neben diesem himmlischen Kalender las man auf dem Boden wohl einen irdischen, vielleicht mit lateinischen Lettern, Caesars Sonnenkalender. Niemand, der das Marsfeld betrat, konnte übersehen, daß die Caesaren Himmel und Erde, Orient und Okzident, Ursprung und Entfaltung von Zeit und Geschichte miteinander vereinten, daß mit ihnen eine Weltzeit begann.

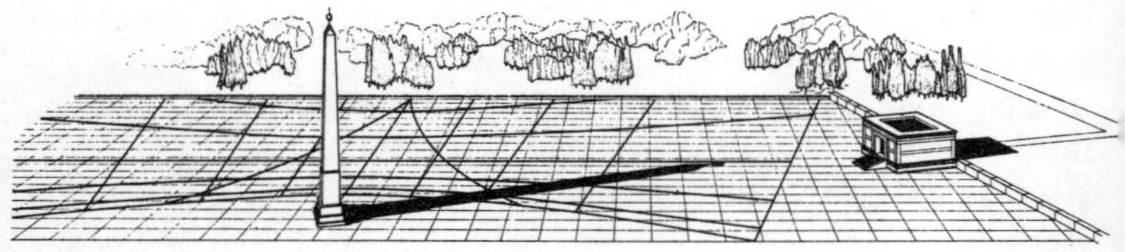

Die Sonnenuhr des Augustus auf dem Marsfeld in Rom um 10 v. Chr. Rekonstruktion von Edmund Buchner 1976. Höhe des Obelisken fast 35 Meter, Breite des 1980 teilweise ausgegrabenen Liniennetzes über 150 Meter, rechts der Friedensaltar.

Während man dem vergotteten Andenken Oktavians den Monat ›August‹ weihte und weitere Obelisken als kaiserliche Sonnenuhren errichtete, gewöhnte sich Rom daran, seine Politik nicht mehr nur nach wechselnden Konsuln, sondern auch nach Regierungsjahren des Kaisers zu datieren. Nachdem Livius sein ausuferndes Geschichtswerk, das Roms ursprüngliche Größe den verweichlichten Nachfahren vorhielt, mit der Gründung der Stadt vor mehr als siebenhundert Jahren begonnen hatte, verständigten sich die Historiker auch auf das Epochenjahr des Reiches, ab *urbe condita*, 753 vor Christus. Der Abschluß des achten Jahrhunderts wurde 47 nach Christus ›richtig‹ begangen, die Tausendjahrfeier 248 nicht so präzis, aber ebenso offiziös. Dennoch, den Werktag in den Provinzen verwandelten Julianischer Kalender und augusteischer Sonnenkult noch nicht. Das wäre erst gelungen, wenn die römische Ökumene ihre Einheit nicht nur politisch erlebt, sondern auch religiös bejaht hätte, im Glauben an eine überirdische Macht, die alles säkulare Elend überstrahlte[24].

Die lateinischen Christen trugen dazu vorerst nichts bei, ihr Reich war nicht von dieser Welt. Sie betrachteten Kreuzigung und Auferstehung des Erlösers als Angelpunkt ihres Gottesdienstes, als Ausgangspunkt ihres Zeitempfindens, so wie die verheißene Wiederkehr des Auferstandenen den Zielpunkt bezeichnete. Das Datum des Anfangs kalendarisch zu bestimmen, wurde von vornherein durch die Vielfalt antiker Zeitrechnungen erschwert, dann aber durch Abneigung gegen den römischen Staatskult blockiert. Zur Zeit des Kaisers Augustus wurde Jesus geboren (Lukas 2,1), im fünfzehnten Regierungsjahr des Tiberius getauft (Lukas 3,1) und wahrscheinlich drei Jahre später gekreuzigt. Augustus war auch Nero, der sich als Mittelpunkt des tags und nachts kreisenden Weltalls empfand, in dessen Jahren aber der Apostel Paulus Verfolgung erlitt (Apostelgeschichte 25,21). Die römische Kaiserzeit stand auf seiten der Widersacher, an deren rasche Überwindung die Christen zunächst glaubten (Galater 4,10).

Nicht einfacher wurde die Übernahme der Weltzeit durch den politischen Sieg des Christentums im Römerreich des 4. Jahrhunderts. Nun sollten drei Zeitsysteme, die aus heterogenen Weltbildern kamen, miteinander verschmolzen werden: die caesarische Ordnung des zu Neujahr beginnenden Sonnenkalenders, die Feier des mosaischen Passahmahles am ersten Frühlingsvollmond und der sonntägliche Wochenbeginn als Tag von Christi Auferstehung. Die Inkommensurabilität zwischen Mondlauf und Sonnenstand, Wochentag und Jahresrhythmus verbot eine allseits überzeugende Lösung; Festlegung und Durchsetzung der zentralen Zeitpunkte blieben, was Kalenderprobleme seit Caesar geworden waren: Machtfragen.

Konstantin der Große blieb fast noch in den Bahnen des römischen Sonnenkultes, als er 321 den Sonntag für Arbeitsruhe und Gottesdienst bestimmte; so verdrängte er den römischen Saturntag wie den jüdischen Sabbat vom Wochenanfang. Kaiser und Konzil suchten dann in Nicaea 325 mit der Einheit des Glaubensbekenntnisses auch das einheitliche Osterfest in der römischen Ökumene durchzusetzen, mit deutlicher Frontstellung gegen jüdische Bräuche, gleichwohl weniger dezidiert, als Spätere annahmen. Denn die frömmsten Denker der frühen Christenheit sträubten sich gegen jede Verdinglichung der Zeit, fast wie Platon, waren aber auch konkreten Zahlen zutiefst abgeneigt. Von der kalendarischen Ordnung hielten sie wenig. Langfristige Berechnung förderte leicht den astrologischen Vorwitz, der sich in Gottes Pläne einmischte; kurzfristige Messung schien dem Menschen die Verfügung über seinen Augenblick vorzugaukeln. Nur irdische und nebensächliche Dinge ließen sich zählen und messen, die von Gott jedem Menschen zugeteilte Lebensdauer nicht, noch weniger die der Kirche bis zur Wiederkehr Christi verbleibende Heilszeit. Die Geister schieden sich an dem lateinischen Wort *computus*[25].

Dieses Wort faszinierte auch heidnische Römer erst in der Spätantike, als ihr politischer Zugriff die Welt nicht mehr bändigte und ihre Zeit mit Regierungsjahren von Konsuln oder Kaisern nicht mehr treffend benannt war. Sie besaßen früh ein Tätigkeitswort *computare*, ›zusammenrechnen, an den Fingern abzählen‹. Es erinnerte daran, daß die römischen Zahlzeichen den Fingern menschlicher Hände nachgebildet waren. *Computare* trat neben *numerare*, ›zuteilen, zählen‹. Später kam ein Wort für den Umgang mit Rechensteinen hinzu, *calculare*, ›mit Zahlzeichen rechnen‹. Die Substantivierung *numeratio* blieb auf den Begriff ›Barzahlung‹ beschränkt; aber *computatio*, dann auch *calculatio* besetzten ein breites Wortfeld von mathematischer ›Summierung‹ und ökonomischer ›Abschätzung‹ bis zu sozialer ›Einschätzung‹ und sittlicher ›Bewertung‹. Beide Ausdrücke wurden Lieblingsworte der römischen Juristen, wie gemacht für abwägende Ordnung gemeinsamen Lebens[26]. Ein eigenes Wort *computus*, analog zu *numerus* gebildet, mag im 3. Jahrhundert nach Christus aufgekommen sein, aber solange es dasselbe wie *computatio* besagte, war es überflüssig. Erst im 4. Jahrhundert bezeichnete es etwas anderes, und dann fand es Anklang[27].

Nachdrücklich wurde es eingeführt von Julius Firmicus Maternus, der um 335 nach Christus in Sizilien ein Lehrbuch der Astrologie schrieb. »Derselbe Geist, der aus dem Himmelsfeuer aufbrach und sich zur Leitung und Lenkung in das irdisch Gebrechliche einließ, überlieferte uns diese Wissenschaft, die *computi*. Er zeigte uns von Sonne, Mond und sonstigen Sternen, die wir Wandelsterne, die Griechen Planeten nennen, den Lauf und den Rückweg, die Häuser, die Konjunktionen, die Zuwächse, Aufgänge und Untergänge.« *Computus* hieß somit nicht wie *computatio* generell ›Zählung‹ oder ›Schätzung‹, sondern speziell ›astrologische Ausdeutung errechneter und beobachteter Planetenbahnen‹. Die Astrologie schlug zwischen Götterwillen und Menschenlos eine festere kalendarische Brücke, als Platon und Aristoteles gemeint hatten, und offenbarte dem Rechner, was ihm und seinesgleichen widerfahren wird[28].

Hier öffnete sich eine Kluft zwischen Heiden und Christen. Man muß der heidnischen Sterndeutung bloß drei Sätze der lateinischen Bibelübersetzung gegenüberstellen, die der Dalmatiner Hieronymus seit 383 unternahm. Als der Dulder Hiob seinen Geburtstag verfluchte, sagte er: *Non computetur in diebus anni, nec numeretur in mensibus*, »Würde er doch den Tagen und Monaten des Jahres nicht zugerechnet!« (Iob 3,6). Das blieb ein unfrommer Wunsch, denn wir wissen, wie Salomons Weisheit sagte, »daß wir Dir zugerechnet sind«, *scimus quoniam apud te sumus computati* (Sap. 15,2). Gott rechnet allen das Ihre abwägend zu, wir werden ihm einzeln zugerechnet. Wer weise ist, mag die Zahl 666 der apokalyptischen Bestie entschlüsseln, *computet*; doch das ist schwer (Apoc. 13,18). Hieronymus nahm das Astrologenwort *computus* nicht in den Mund. Er tat etwas Bescheideneres, wenn seine Chronik 381 auf den Spuren des Eusebios von Caesarea den geschichtlichen Ablauf nach Jahren zählte und mit Hilfe biblischer Daten bis zu Gottes Weltschöpfung zurückverfolgte: *computantur anni ... a Moyse ... usque ad Solomonem*. Indes brachte Hieronymus, darin Herodots Schüler, solche historischen Abschnitte nicht auf die Reihe einer durchgehenden Weltära wie einige seiner jüdischen Zeitgenossen, deren unbehauster Glaube in einer Dauer von mehr als viertausend Jahren Geborgenheit suchte[29].

Grundsätzlicher formulierte um 400 der Afrikaner Augustin das christliche Verständnis von Zeit und Zahl, im berühmtesten Kapitel seiner ›Bekenntnisse‹. Er sträubte sich allgemein gegen die Anwendung aristotelischer Kategorien auf den Schöpfer von Himmel und Erde. Besonders lehnte er die Verquickung von Zeit und Zahl als Verdinglichung ab. »Wenn man Vergangenes wahrheitsgetreu erzählt, holt man nicht die Dinge selbst aus der Erinnerung hervor – die sind vergangen –, sondern nur Worte, geschöpft aus Bildern, die im Geist beim Durchzug durch die Sinne gleichsam Spuren eingedrückt haben«[30]. Die sprachliche Dreiteilung der Tempora fand ebensowenig Zustimmung. »Nicht eigentlich läßt sich sagen, es seien drei Zeiten, Vergangenheit, Gegenwart und Zukunft. Vielmehr sollte man genauer sagen, Zeiten sind drei: eine Gegenwart von Vergangenem, eine Gegenwart von Gegenwärtigem, eine Gegenwart von Künftigem.« Dieser schwache Widerschein göttlicher Allgegenwart hob die Person des Menschen von kreatürlichen Vorgängen ab. Augustin fand die Zeitaspekte ›Erinnerung‹, ›Augenschein‹ und ›Erwartung‹ nicht im Physischen und Körperlichen. »Denn es sind diese Zeiten als eine Art Dreiheit in der Seele, und anderswo sehe ich sie nicht.«

Augustin faßte die Beziehungen des Menschen zur Zeit in ein musischeres Bild als Aristoteles, in das des Sängers, der ein Lied aus der Seele hervorholt und sich in die Zeit hineinspannt. Bei der Erwägung, wie solche Zeit gemessen werde, griff die Annahme zu kurz, »die Bewegungen von Sonne, Mond und Sternen seien selbst die Zeit«. Wenn die Himmelskörper als Zeichen zur Bestimmung von Zeiten dienten, konnten sie nicht das Bezeichnete selbst sein. Weil sowohl psychologische wie physikalische Zeit nur Geschöpfe betrafen, fragte Augustin den Schöpfer: »Befiehlst Du, ich solle zustimmen, wenn jemand sagt, Zeit sei Bewegung eines Körpers? Du befiehlst es nicht«[31]. Firmicus Maternus empfahl es. Dagegen setzte Augustin gewissere Zeichen als die der sinnlichen Erfahrung oder

der mathematischen Abstraktion, das Wort Gottes, so 404 in einer Streitschrift gegen Manichäer. »Im Evangelium liest man nicht, daß der Herr gesagt hätte: Ich schicke euch den Heiligen Geist, damit er euch über den Lauf von Sonne und Mond belehre. Er wollte Christen machen, nicht Mathematiker«[32].

Trotzdem verwiesen Zahlen den Andächtigen auf die Wunder von Gottes Schöpfung. Im Werk von der Gottesgemeinde merkte Augustin nach 413 zum Sechstagewerk beinahe platonisch an, die Zahl 6 sei arithmetisch vollkommen, zusammengesetzt aus der Summe aller ihrer Teile, ihres Sechstels, ihres Drittels und ihrer Hälfte, 1 + 2 + 3. »Nicht umsonst ist zu Gottes Lob gesagt: Alles hast Du nach Maß und Zahl und Gewicht geordnet.« Irdische Abläufe in der von Gott abgekehrten Welt betrachtete Augustin skeptischer. Wenn andere die zehn Christenverfolgungen zahlensymbolisch deuteten, nannte er ihr vergebliches Bemühen *computare* und *calculare*, Fingerrechnen. Für uns Kreaturen geht die geschichtliche Gleichung erst nach dem Zug durch das irdische Jammertal auf. Im Jenseits werden wir die ewige Ruhe finden; in deren Siebenzahl vollenden sich die sechs Tage der Schöpfung, die sechs Zeitalter gemeinsamer Wanderung und die sechs Lebensalter des Einzelnen[33]. Bis dahin können wir Gottes Gesetz nur gläubig nachfühlen, ihm nicht kalkulierend vorgreifen. Wie ein Brief Augustins 419 argumentierte, bleibt uns der Zeitpunkt des Weltendes verborgen. Auch die Sonnenfinsternis, die bei Jesu Kreuzigung eintrat, war ein Wunder. Sie ereignete sich ja kurz vor Ostern, das die Juden bei Vollmond begingen. *Astrologi* und *computatores siderum* konnten nach ihrem *computus* keine Sonnenfinsternis bei Vollmond erwarten. Doch Gott ist Herr über Zeit und Zahl; darum schmeckte das Wort *computus* nach Gotteslästerung[34].

Zurückhaltender, aber gleichsinnig sagte der Christ Boethius um 500 im wichtigsten lateinischen Lehrbuch der Arithmetik, beinahe wie Platon: »Alles, was von der ursprünglichen Natur der Dinge zusammengefügt wurde, ist sichtlich nach vernünftigen Zahlen geformt. Das lag dem Schöpfer als anfängliches Muster im Sinn. Daher wurde die Vielfalt der vier Elemente entlehnt, daher der Wechsel der Zeiten, daher die Bewegung der Sterne und der Kreislauf des Himmels.« Menschliche Wissenschaften, wie sie Aristoteles verstand, sind getrennt vom göttlichen Ursprung, folglich auch voneinander. Die Zahlenkunde befaßt sich mit Mengen, die für sich feststehen, die Sternkunde hingegen mit Größen, die nicht in der Zeit fortschreiten, sondern sich im Kreis drehen. Arithmetik und Astronomie sind keine Zeitrechnung, das Wort *computus* wäre hier fehl am Platz[35]. Wie die Geometrie, so wird die Musik durch Verhältnisse zwischen natürlichen Zahlen erklärt, aber während sie bei der Erdvermessung nur irdische Beziehungen aufdecken, hebt ihre deutende Kraft die Tonkunst zum Himmel hinauf. Musikalische Klänge und Rhythmen bilden die Sphärenharmonie der Himmelskörper und den Reigentanz der Jahreszeiten nach. Doch sogar in seinem Lehrbuch der Musiktheorie brauchte Boethius lediglich das allgemeine Verbum *computare* für ›rechnen‹, nicht das besondere Substantiv *computus*[36]. Wäre es dabei geblieben, das Mittelalter wäre nie zum Zeitalter des Computus geworden.

Osterzyklus und Stundengebet im Frühmittelalter

Kenntnis der Zahlen half den Menschen, ihr Erdenleben zu ordnen, nicht auf eine mögliche Zukunft hin, sondern von der feststehenden Vergangenheit her. Der skythische Abt Dionysius Exiguus sollte 525 im Auftrag des römischen Papstes den Ostertermin des nächsten Jahres ausrechnen. Das hatten bisher alexandrinische Gelehrte besorgt, deren griechische Schriften ins Lateinische übersetzt wurden. Sie besprachen *sancte pasche compotum* so würdevoll, als wäre Zeitrechnung noch wie in Caesars Tagen Geheimwissen der Hohenpriester und Fachgelehrten[37]. Dionysius verwarf solchen hellenistischen Dünkel. Er hielt den Ostertag des Herrn, *dominicum pascha*, und den berechneten Mondlauf, *lunae computus*, sauber auseinander; die Regeln zur Osterberechnung kamen »nicht so sehr aus weltlicher Kenntnis als aus Erleuchtung durch den Heiligen Geist«. Christliches Zeitbewußtsein orientierte sich nur nebenbei an natürlichen Zeichen und erlernten Verfahren. Ebenso scharf packte Dionysius zu, wo es um soziale Vereinbarung irdischer Termine ging. Er verurteilte die politische Gewohnheit, Kalenderjahre nach der Regierungszeit römischer Kaiser zu datieren, insbesondere nach dem ruchlosen Christenverfolger Diokletian. Dionysius bezog seine Ostertafel statt dessen auf das Anfangsdatum *ab incarnatione domini nostri Jesu Christi*. Denn an die Fleischwerdung unseres Herrn, das Ereignis unserer Erlösung und den Ursprung unserer Hoffnung, erinnerten die jährlich wiederkehrenden Feiertage[38].

Wenn Christus Herr über die Zeit war, durften die Christen sein unvergleichliches Erdendasein in ihre Zeitspirale hereinholen. Dionysius berechnete nicht nur die Ostersonntage für fünf neunzehnjährige Mondzyklen voraus, von 532 bis 626, er bezog mit zusätzlichen Faustregeln das christliche Hauptfest auch auf Christi

Osterzyklus des Dionysius Exiguus, Marmortafel, Ravenna 6. Jahrhundert, heute Erzbischöfliches Museum Ravenna. Fünf neunzehnjährige Zyklen (CY. I–V) von 532 bis 626, Kalenderdaten der Mitte des Frühlings-Mondmonats (L. XIIII) und des Osterfestes (PAS.) sowie Angabe von dessen Mondstand (LU. XV–XXI, geschwänztes C für VI); innen Kennzeichnung als Gemeinjahr (CM.) oder Mondschaltjahr (EB.).

Geburt vor 525 Jahren zurück, ferner auf den orientalischen Mondzyklus mit seinen Kennzahlen und auf das römische Sonnenjahr mit seinen Schalttagen. Dem Abendland wurde damit das antike Wissen von großen Zeitspannen handlich zubereitet, indes auch weitere Nachforschung erspart. Man mußte die Termine des Kirchenkalenders fortan bloß in einer Tabelle nachschlagen, nicht mehr wie bisher jährlich vorausberechnen. Wozu auch? Es ging ja nicht um den mühsamen und kurzatmigen Werktag im Kalender, sondern um die Feier der Auferstehung, das Fest ohne Ende, zu dem sich Himmel und Erde, Natur und Geschichte jubelnd vereinten.

Wenn die Gläubigen weniger den kurzen Augenblick im Kreis der Mitmenschen ausnutzen als ihre unsterblichen Seelen mit dem Schöpfer wiedervereinigen wollten, mißachteten sie leicht die einzelne Stunde, die im profanen Römerreich seit Vitruv von Sonnen- und Wasseruhren sorgfältig gemessen wurde. Daß diese Stunde gerade für Christen entscheidende Bedeutung gewann, ist dem italienischen Abt Benedikt von Nursia zu danken, seiner um 540 verfaßten Ordensregel und ihrem Stundenplan. An sich hätte der Befehl des Abtes die stets beisammenwohnenden Mönche rasch zu Gebet und Arbeit versammelt, aber der Willkür des Abtes überließ Benedikt den Dienstplan nicht. Da dem Mönchskonvent täglich ein Abschnitt der Ordensregel vorgelesen werden mußte, konnten alle an der Sonnen- oder Wasseruhr nachprüfen, ob ihr Gotteslob ›regelmäßig‹ stattfand. Sie sollten strikte Zeitdisziplin im Kloster nicht nur einhalten, sondern auch fordern; dergleichen war zuvor nie geschehen.

Selbstverständlich hob Benedikt die Hauptfeste des Kirchenjahres hervor, doch ließ er auch keinen Werktag aus. Für das tägliche Chorgebet wählte er die drei Haupteinschnitte des spätrömischen Sonnentags, den öffentlich kundgemachten Wachwechsel im Heer zur dritten Stunde am Vormittag *(tertia hora)*, zur sechsten am Mittag *(sexta hora)*, zur neunten am Nachmittag *(nona hora)*. Hinzu kamen vier Gebetszeiten, die ohne Ausrufung kenntlich waren: Aufgang *(prima hora)* und Untergang *(vespera)* der Sonne, erste Morgenröte *(matutina)* und Eintritt völliger Dunkelheit *(completorium)*. Genau vorgeschrieben waren zudem die einzelnen Psalmen, die an jedem Wochentag zu diesen sieben Zeiten gebetet werden sollten, so daß sich die Dauer jedes Stundengebets vorher abschätzen ließ.

Ebenso exakt bestimmte Benedikt die Stunden des Weckens, der

Mahlzeit, der Handarbeit und der Ruhe, nach Jahreszeiten des Sonnenjahres gestaffelt. »Zur Winterszeit, das heißt vom 1. November *(a Kalendis Novembris)* bis Ostern, soll man aufstehen zur achten Nachtstunde nach der üblichen Rechnung...«. »Von Ostern bis zum 1. Oktober *(usque Kalendas Octubres)* sollen die Brüder früh ausziehen und von der Prim bis fast zur vierten Stunde die nötigen Arbeiten besorgen, von der vierten Stunde bis zur Feier der Sext für die Lesung frei sein, nach der sechsten Stunde, wenn sie vom Tisch aufgestanden sind, schweigend auf ihren Betten ruhen... Das Gebet zur Non soll auf die Mitte der achten Stunde vorverlegt werden, dann sollen sie wieder ihre Arbeit verrichten, bis zum Vespergebet.«

Wozu diese Ordnung, die den Mönchen keine ekstatische Zeitfülle bescherte, vielmehr Roms zivilen Kalender aufzwang? Selbstüberwindung, nicht Weltbeherrschung hieß Benedikts Losung. »Der Müßiggang ist ein Feind der Seele«; Handarbeit sollte nur den Trübsinn der Untätigkeit vertreiben, keineswegs das Kloster bereichern. »Zur Reinigung von den Übeln werden unsere Lebenstage um eine Gnadenfrist verlängert«; gemeinsame Unterwerfung unter die Regelzucht erhob die Mönche über ihre allzumenschlichen Schwächen, ohne ihnen übermenschliche Abtötung aufzubürden. Orientalische Asketen hatten nach dem Gebet zur Sext keine Mittagspause eingelegt – inzwischen ignoriert das hektische Europa längst wieder, woher die *Siesta* kommt und wozu sie frommt[39].

Heiligten solche humanen Regeln nicht auch den profanen Alltag der Laien? Das Lob der Gegenwart klang freudiger aus den Worten, mit denen Cassiodor, der überlebende Freund von Boethius und Dionysius, um 550 die Arithmetik als Grundwissenschaft pries, fast wieder mit hellenistischem Wissenschaftsglauben. »Es ist uns auch gegeben, großenteils unter Anleitung dieser Disziplin zu leben. Wenn wir durch sie die Stunden lernen, wenn wir die Monatsläufe ausrechnen, wenn wir den Zeitraum des wiederkehrenden Jahres erkennen, werden wir durch die Zahl belehrt und vor Verwirrung bewahrt. Nimm der Welt den *compotus*, und alles verfällt blinder Unwissenheit. Von sonstigen Lebewesen kann man niemanden unterscheiden, der nicht zu quantifizieren versteht, *qui calculi non intelligit quantitatem.*« Lediglich banale Vorarbeiten für Zeitmessung leistete die Astronomie. Sie half den Menschen, »die Dauer der Stunden zu begreifen, den Mondlauf für die Festsetzung des Ostertermins zu bemerken«, allenfalls noch das Wetter in den verschiedenen Jahreszeiten abzuschätzen und Sonnenuhren *(horologia)* je nach Klimazone richtig zu bauen[40]. *Compotus* aber wurde zum Sinnbild für gebildete Umsicht inmitten barbarischer Verwirrung.

Uhren behielten dennoch hohes Ansehen, aber nicht als Errungenschaften forschender Griechen und als Rangabzeichen herrschender Römer, sondern als Beweismittel für Gottes Zahlenwunder und als Hilfsmittel für den Zeitplan von Gottes Dienern. Das gesamte Frühmittelalter las voller Ehrfurcht, was Cassiodor seinen Mönchen schrieb: »Wir wollen euch nicht über die Stundenmaße *(horarum moduli)* in Unkenntnis lassen; bekanntlich wurden sie zu großem Nutzen der Menschheit erfunden. Deshalb ließ ich für euch zwei Uhren machen, einen Stundenweiser *(horologium)*, den das Sonnenlicht speist, und eine Wasseruhr *(aquatile)*, die bei Tag und Nacht ständig die Stundenzahl angibt. Denn an manchen Tagen scheint die Sonne selten; dann führt das Wasser auf Erden wunderbar aus, was die von oben gesteuerte Leuchtkraft der Sonne nicht leistet. So hat die Kunst der Menschen das von Natur Getrennte zu einträchtiger Wirkung gebracht. Beide Uhren gehen so gleichmäßig und richtig, als würden ihre Anzeigen durch vermittelnde Boten aufeinander abgestimmt. Sie sind dafür vorgesehen, die Krieger Christi mit sichersten Zeichen zum Gottesdienst aufzurufen, wie mit schallenden Trompeten.« Den Bau solcher Sonnen- und Wasseruhren lehrte Cassiodor nicht wie Vitruv; so verlernten es seine Zöglinge rasch, sie richtig in Gang zu halten. Christliche Mönche sollten ja keine Zeitmesser basteln, sondern gelehrte Bücher studieren, denn sie dienten weit höheren Pflichten als die Trompeter einer Legion oder die Uhrmacher einer Kommune.

Cassiodor hatte einst, 507, in einem Brief an Boethius die Zeitmessung mit dem *horologium*, der Sonnenuhr bei Tag und der Wasseruhr bei Nacht, für die höchste zivilisatorische Leistung gehalten, weil die Barbaren römische Uhren bestaunten. Jetzt setzte er an die Stelle technischer Fertigkeit arithmetische Findigkeit. Zeitrechnung wahrte die Menschenwürde besser als Zeitmessung[41]. Denn die Zeit errechnend, konnten die um Cassiodor gescharten Mönche von Vivarium lernen, was ihnen kein Zeitmesser vorgab: Vermenschlichung des Alltagsgeschehens und Vergegenwärtigung der Heilsgeschichte. Wenn christliche Laien inmitten der zerfallenden römischen Welt das Lob Gottes sangen, an jedem Sonntag sein Abendmahl, an jedem Osterfest seine Auferstehung gemeinsam begingen, durften sie keinen beliebigen Tag verabreden, sondern mußten den von Gott vorgesehenen Kalendertag nachrechnen.

Aus dem Kreis um Cassiodor kam die erste Schrift mit dem programmatischen Titel ›Computus paschalis‹, auf das Jahr 562 bezogen. Nun waren Ostertag und Zeitrechnung schon ineinander verzahnt; *computus* hieß fortan ›Osterberechnung‹, das Verfahren ebenso wie ein Lehrbuch darüber. Diese früheste lateinische Anleitung besprach nicht bloß Ostern; sie knüpfte an die Jahresreihe des Dionysius Exiguus an und begann mit der Weisung: »Wenn du wissen willst, das wievielte Jahr es ist seit der Fleischwerdung unseres Herrn Jesus Christus, dann rechne, *computa*, sechsunddreißig mal fünfzehn ...« Das Produkt der Multiplikation hieß ebenfalls *computus*. Denn wer den Angelpunkt kannte, den Zeitpunkt von Christi Geburt und Auferstehung, der machte die seitdem verflossene Zeit, an den Fingern abzählend, bis zu jedem heutigen Tag fest. Cassiodors Zeithorizont war indes merklich geschrumpft. Er verzichtete auf Tafeln für künftige Osterfeste. Dafür aktualisierte er die Faustregeln des Dionysius und intensivierte ihre Anwendung auf den Alltag, Wochentage, Monatsfristen und Jahresanfänge. Das Bekenntnis zur weltlichen Gegenwart forderte seinen Preis, den Verzicht auf geistlichen Abstand und Überblick[42].

Einspruch gegen diese Quantifizierung der Zeit erhob Papst Gregor I. in Predigten von 592 und 593. Die Zahl 6 sei nicht aus arithmetischen Gründen vollkommen, sondern allein, weil Gott seine Weltschöpfung am sechsten Tag vollendet habe. Die Spekulation irdischer Weisheit verfehle das Geheimnis; zu fassen vermöge es nur der *computus* dessen, der seine Seele zum Ewigen erhebe. Allegorische Zahlendeutung, nicht Abzählen von Dingen zeigt den Weg nach oben, im Großen wie im Kleinen[43]. Die Welt geht nach Gottes Willen ihren Gang in fünf Weltaltern; der Mensch durchläuft sein Leben in fünf Phasen von der Kindheit bis zur Senilität; seinen Tag teilt er in fünf Abschnitte vom frühen Morgen bis zum späten Abend. Daraus lassen sich jedoch keine arithmetischen Gleichungen gewinnen. Das biblische Gleichnis vom Weinberg lehrt, daß sich himmlischer Lohn nicht nach irdischen Arbeitsstunden bemißt. Zeitrechnung ist dumm, denn sie kommt von der stumpfsinnigen Zeitmessung nicht los[44].

Aber Kelten und Germanen, frisch zum Christentum bekehrt, verlangten nach sichtbaren Zeichen. Am liebsten hätten sie sich das Hauptfest ihres Glaubens durch Gottes Wunder anzeigen lassen. Als sich spanische Taufbecken 577 und 590 von selber füllten, bestätigte das Mirakel, das seit 444 durch die lateinische Literatur geisterte, auch dem romanischen Bischof Gregor von Tours, daß er Ostern richtig angesetzt hatte. Die ihm peinliche *dubietas paschae* nach den Regeln des Dionysius zu klären, war er schwerlich imstande; es wunderte ihn ja schon, wenn ein Sklave aus Südgallien noch die Rechenkunst, *ars calculi*, völlig beherrschte. Auch bei der *subputatio huius mundi* mußte sich Gregor auf die Hieronymus-Chronik stützen und hatte Mühe, die Jahreszählung mit bescheidenen arithmetischen Kenntnissen bis in seine Gegenwart fortzuführen.

Als dieser erste bedeutende Geschichtsschreiber des Mittelalters die Weltjahre zusammenzählte, kam er von der Schöpfung bis zur Auferstehung Christi auf 5184, von da bis ins neunzehnte Jahr des Frankenkönigs Childebert II. auf 609 Jahre. Die Rechnung stimmte hinten noch weniger als vorn; Gregor schrieb diese Zeilen nicht etwa 609 Jahre nach dem ersten Ostertag, sondern 594 Jahre nach Christi Geburt. Ein kurzlebiger Mensch konnte eben Naturzeit im ganzen nicht überschauen; der Historiker Gregor hatte Mühe genug, zusammenzutragen, was sich zu seinen Lebzeiten im Umkreis von Tours Jahr um Jahr ereignete. Wenn er sich vornahm, von der Erschaffung des ersten Menschen bis in seine Gegenwart *cunctam annorum congeriem conpotare*, so meinte der altfränkische Herodot damit weniger ›errechnen‹ als ›erzählen‹, und von erstaunlichen Erlebnissen der Mitlebenden erzählte er ebenso sprunghaft wie hinreißend[45].

So überwältigend wie die liturgische Zeit war die natürliche, erstaunlicher als alle sieben Weltwunder, von denen die Alten (seit Herodot) schwärmten. Über die Zeit als Wunder Gottes schrieb Gregor um 580 ein eigenes Büchlein. Zunächst pries er den täglichen Wechsel von Ebbe und Flut, das jährliche Wachstum der Pflanzen und Bäume, dann den täglichen Aufgang der Sonne, die der Erde Licht und Wärme spendet, die monatliche Zunahme und Abnahme des Mondes sowie den teils monatlich wechselnden, teils jährlich gleichmäßigen Zug der Sterne über den Himmel. Auf Gottes Wundertaten sollen Christenmenschen durch Gottes Lob antworten, nicht durch Besserwisserei. »Ich lehre hier keine Astrologie und Zukunftsforschung, sondern halte bloß dazu an, den Sternenlauf vernünftig im Gotteslob auszufüllen. Wer diesen Dienst aufmerksam versehen will, muß wissen, zu welchen Stunden er nachts aufstehen und Gott anrufen soll.«

Die Zeitbestimmung bei Nacht hatte es Weltgeistlichen bislang erschwert, das benediktinische Stundengebet ganz zu übernehmen. Für die Fristen bei Tag war durch Cassiodors Sonnenuhren gesorgt, wenigstens, solange der Himmel nicht völlig bedeckt war. Gregor mußte lediglich zweierlei aus alten Büchern entnehmen, zum ersten, daß es dafür zwei verschiedene Stundenmaße gab. Das gewöhnliche, direkt zu beobachtende dauerte ein Zwölftel des Sonnentags vom Aufgang bis zum Untergang, also im Sommer länger als im Winter; das hieß Temporalstunde. Das andere Zeitmaß teilte den Umschwung der Fixsternsphäre während eines Tages und einer Nacht in 24 gleiche Stunden; sie hießen Äquinoktialstunden, weil sie in höheren Breiten bloß zweimal im Jahr, bei den Tag- und Nachtgleichen, zu beobachten waren und sonst berechnet werden mußten. Das war das eine, was Gregor lernte. Das zweite war die Formel der Umrechnung, bezogen auf seinen Standort Tours. Wenn in der gallischen Klimazone (genau genommen, weiter südlich) die Sonne je nach Monat für 9 bis 15 Äquinoktialstunden schien, konnte er daraus durch Zwölfteilung und Rundung die ungefähre Dauer einer Temporalstunde ermitteln und danach seine Sonnenuhr abmessen.

Aber nachts? Wem kein Mitmönch das Zeichen zum nächtlichen Chorgebet gab, dem half die Dauer des Mondscheins nur, wenn er mit Bruchzahlen zu rechnen wußte. Franken brauchten schlichtere Stundenweiser, verläßlichere auch als Cassiodors Wasseruhren, deren Wasserabfluß ständig nachgebessert werden mußte und deren enge Röhren sich schnell verstopften oder zufroren. Und schließlich waren auch solche linearen Uhren nicht anders zu eichen als an zyklischen Bewegungen der Gestirne. Gregor beobachtete recht zutreffend, wann im Lauf der Monate bekannte Sternbilder am Horizont aufzogen und untergingen, rechnete demnach den Zeitpunkt der nächtlichen Horen in Temporalstunden um und gab an, wieviele Psalmen in jede Hore paßten. Daß die Dauer des Sonnentags in südlicheren Ländern weniger als in Tours schwankte und daß anderswo der Große Wagen nie über den Horizont kam, fand Gregor keines Hinweises wert. So fragmentarisch wie in unseren Breiten zeigt sich die Zeit den Menschen überall, sie ist und bleibt das Weltwunder schlechthin[46].

Weltalter und Lebenstage im 7. und 8. Jahrhundert

Das Ende der Völkerwanderung leitete in Europa eine Phase ruhigeren Aufbaus ein und machte auch die Germanen mit längeren Fristen vertraut. Immer noch standen die Wunder des ewigen Schöpfers den Sterblichen nicht zur freien Verfügung, kalendarische Formeln schon eher; man mußte sie in den Schulstuben romanischer Christen erlernen. Isidor von Sevilla sammelte sie um 630. Er wiederholte fast wörtlich die Formulierungen Cassiodors und bekräftigte sie durch den Zusatz: »Nimm die Zahl aus den Dingen, und alles stürzt zusammen.« So lehrte Isidor das Frühmittelalter tiefste Ehrfurcht vor dem *computus*, der Klammer um Weltlauf und Menschengeist. Er schärfte ihm auch Geringschätzung für *horologia* ein und stellte solche Stundenweiser zur Zeitmessung neben banale Gerätschaften wie Ketten und Schlüssel[47].

Obwohl *computare* bei Isidor auch einfach ›addieren‹ oder ›multiplizieren‹ heißen konnte, erhob sich, wer universaler Zeitrechnung nachging, weit über den Kleinkram eines *calculator*, der einzelne Zahlen wie Steinchen oder Buchstaben zusammenklaubte. Schon wer das *momentum* studierte, die kleinste Zeiteinheit, wurde auf die Bewegung der Sterne verwiesen, denn sie wird in Momenten gemessen, die man auf Erden nicht braucht (eine ferne Erinnerung an aristotelische Lehren, eine nähere auch an den Satz der Apostelgeschichte 1, 7, daß es den Menschen nicht gegeben sei, die *momenta* Gottes zu kennen). Vom Moment geht es hinauf bis zum platonischen Großjahr, in dem alle Planeten »nach ganz vielen Sonnenjahren« zum selben Ort zurückkehren. Trotzdem besteht Gottes Rechnung, soweit wir sie verstehen, aus einstelligen Zahlen, denselben, die wir mit den Fingern darstellen können. Isidor schob ohne die Vorbehalte Augustins und Gregors I. die sechs

Schöpfungstage Gottes, die sechs Weltalter und die sechs Lebensphasen ineinander und gliederte historische Datenreihen danach. Die Zahl der Vollkommenheit und Gesamtheit wäre 7; wie Augustin reservierte Isidor sie für Gott und demonstrierte es an der Osterberechnung. Natürliche Zyklen waren ohnedies geschlossene Regelkreise, in die der Mensch nicht eingreifen konnte; die Zeiten selber trugen ihren Namen *tempora* nach den vier Jahreszeiten, in denen die Gegensätze Feuchtigkeit und Trockenheit, Wärme und Kälte zum mäßigenden Ausgleich, *communionis temperamentum*, fanden[48]. Dennoch verwandelte Isidor Zahlensymbole für das Zeitlose in Rechenformeln für hiesige Geschichte. Als deren Grundeinheiten betrachtete er Lebens- und Wirkungsjahre von Völkerhirten.

In Irland regte Isidors Beispiel um die Mitte des 7. Jahrhunderts einen namenlosen Geistlichen aus dem Umkreis des heiligen Cummian zum ältesten ›Computus‹ des Landes an. Er grübelte über das Wort, das er *conpotus* buchstabierte und deshalb nicht mit *computare* zusammenbrachte. Statt dessen dachte er an *compos*, ›teilhaftig‹. Dann besagte lateinisch *conpos* oder *conpotus* dasselbe wie *numerus*, nämlich Ein-Teilung nach Zahlen überhaupt, und fand sich in allen Weltsprachen ähnlich, bei Hebräern, Ägyptern und Griechen. Allerdings bestand nur die allgemeine Methode dieser Wissenschaft aus Zählung, *numeratio*; ihr besonderes Ziel war das Studium des Laufes von Sonne und Mond zur Festlegung des Ostertermins, ein Problem, das die drei Weltvölker mit heiligen Sprachen, Hebräer, Griechen und Lateiner, verschieden lösten. Die irische Gelehrsamkeit griff das Thema eifrig auf, weil es kompliziert und kontrovers war[49].

Die Franken wandten es konkreter auf die Gegenwart an, im Gefolge Gregors von Tours. Der sogenannte Fredegar, der um 660 die Geschichte der Welt und seines Volkes bis 642 schrieb, übernahm die Jahresrechnung, *supputatio*, ohne Nachprüfung von Hieronymus und Gregor und stimmte in das Lob des Computus nicht ein, obwohl er Isidors Werk benutzte. Vielmehr ersetzte sein halb schon romanisches Latein das Verbum *comparare* eigenwillig durch *conpotare*, wo die Hieronymus-Chronik die Heldentaten des biblischen Samson mit denen des antiken Herkules verglichen hatte. Was ›zählte‹ und zu ›erzählen‹ lohnte, waren durchgreifende Taten der Menschen, nicht schwankende Abläufe der Zeit[50].

Auch sie konnten indes für die Gegenwart fruchtbar gemacht werden. Ein Geistlicher führte 678 in unbeholfenem Latein das dritte Regierungsjahr des derzeitigen Merowingerkönigs Theuderich III. auf den paradiesischen Anfang der Welt zurück, mit den Jahreszahlen der Hieronymus-Chronik, und nannte die Notiz hochtrabend *compotum annorum ab inicio mundi*[51]. Wenig später, 727, ließ sich ein merowingischer Gelehrter von dem irischen ›Computus‹ ermutigen, das ganze lateinische Vokabular für Zeitbestimmung von den antiken Hauptsprachen herzuleiten. Nur setzte er *conpotus* nicht wie der Ire mit *numerus* gleich, sondern mit dem griechischen *ciclus* und dem angeblich makedonischen *calculus. Conpotus* war somit Berechnung von Kreisbewegungen jeglicher Art. Dann konnte man, Augustins Warnung zum Trotz, die Weltdauer im ganzen ausrechnen, *conputare*, wieder nach Hieronymus. Das Addieren ging holprig vonstatten, aber 5928 Jahre kamen heraus. Einfacher verlief die Fortsetzung, die sich auf biblische Zahlen und deren mystische Arithmetik berief. Gott hatte die Welt in sechs Tagen geschaffen (Exod. 20, 11). Vor Gott ist nun aber ein Tag wie tausend Jahre, tausend Jahre sind wie ein Tag (2. Petr. 3, 8). Tausend Jahre würde auch das Weltalter zwischen Christus und dem Ende dauern (Apoc. 20, 7). Daraus folgte, daß die Welt sechs Weltalter, sechstausend Jahre lang bestehen würde. Also blieben für den merowingischen Rechner noch ganze 72 Jahre. Der Herausgeber Bruno Krusch spottete: »Da kam dann das Jüngste Gericht, und bis dahin konnte man alles verjubeln, was man hatte«[52]. Freundlicher gesagt: Das fränkische Frühmittelalter überschritt seine Gegenwart nur, um sich in ihr vorläufig einzurichten.

Wer das Weltende für unberechenbar hielt, sah am Übergang von der Erde zum Paradies ebenfalls Daten stehen, von Kalendertagen, nicht von Weltjahren. Da dem einzelnen Christen Auferstehung und Himmelfahrt verheißen waren, verlängerte die Liturgie die goldene Kette vom ersten Ostertag, an dem Christus den Tod besiegte, über den Feiertag, an dem ein Heiliger das Erdenleben überwand, bis zum Werktag, an dem Gläubige für einen verstorbenen Sünder beteten. Vor allem mußte das Osterfest zum richtigen, überall gleichen Zeitpunkt begangen werden, nicht bei Iren so und bei Angelsachsen anders. Wer heilige Gedenktage bedeutsam vergegenwärtigen wollte, mußte auch Menschenschicksale exakt nach Gottes Jahreslauf datieren[53].

Diese Forderung bewegte den Begründer der mittelalterlichen Komputistik, den angelsächsischen Mönch Beda. Welche Methoden erfüllten sie am sichersten, empirische oder rationale? Die astronomische Zeit mit Sonnenuhren zu messen, verstand er besser als Gregor von Tours. Um 730 wollte er einem Zeitgenossen beweisen, daß die Tag- und Nachtgleiche im Frühjahr, somit der früheste Ostertermin, auf den 22. März falle und nicht, wie andere schrieben, auf den 25. März. Das gewünschte Ergebnis wurde ihm bestätigt durch *horologica inspectio*, Beobachtung einer Sonnenuhr, deren Schattenstab *(gnomon)* kürzere und längere, über eine Skala wandernde Linien zog. Man benutzte sie schon vor Bedas Zeit auch in England zur Festsetzung der Gebetsstunden; einige blieben bis heute erhalten. Eine Sonnenuhr zeigte Beda weiter an, daß 182 Tage danach, am 19. September, ein zweiter Gleichstand von Tag und Nacht eintrat. Wie Beda die Messung im einzelnen ausführte, verriet er dem Freund allerdings nicht.

Anderswo zeigte er sich aus antiken Quellen genau darüber informiert, wie die Schattenlänge der Sonnenuhr bei einer Tag- und Nachtgleiche direkt in die geographische Breite des Betrachters umzurechnen war, auch und gerade in England. Daß Beda seine Sonnenuhr das ganze Jahr über im Auge behielt, teilte er dort mit, wo er den Schalttag erklärte: Nach 365 Tagen stehe die Sonne noch nicht genau über derselben *horologii linea* wie ein Jahr zuvor[54]. Mit Wasseruhren, die ohne Beobachtung von Himmelsbewegungen die Zeit abstrakt und gleichförmig teilen konnten, wußte Beda gar nichts anzufangen. Er wollte auch durch den Augenschein bloß Ungebildete überzeugen und setzte lieber auf die beiden stärksten Argumente christlicher Gelehrsamkeit, die Autorität der Väter und die Rationalität des Rechnens.

Sein grundlegendes Lehrbuch von 725 hieß ›De temporum ratione‹, Rechenschaft von den Zeiten. Über dem ersten Kapitel stand: *De computo vel loquela digitorum*. Beda rechnete also eifriger als an Geräten mit den Fingern, nicht astrologisch vorwitzig, sondern liturgisch gewissenhaft[55]. Schlichtes Abzählen führte allerdings nicht weit; lange Zahlenkolonnen mußten zu übersichtlichen Tabellen geordnet werden. Deshalb verwischte Beda die Abstufung Isidors und nannte den *computator*, den Zeitrechner, auch *calculator*, Rechner, später sogar *catholicus calculator*. Denn allein für kirchliche Zwecke brauchte man Rechenkunde, *arithmetica ecclesiastica*[56]. Weil sie schwer zu erlernen war und nicht zum Selbstzweck werden durfte, dachte sich Beda für Leser, die nicht rechnen konnten oder wollten, zwei Tabellen aus, in denen die Mondstände mit Buchstaben, nicht mit Zahlen notiert wurden. Sie gemahnten an Augustins Weigerung, Zeichen für Wirklichkeiten zu nehmen. Auch bei den Rechenregeln gab Beda als Lehrer dem menschenfreundlichen Hang nach, den er als Gelehrter bekämpfte, und vereinfachte hie und da zur Erleichterung des Rechnens, *calculandi facilitas* oder *facilitas computandi*, seine Formeln für die verwickelten Abläufe der Natur. Ob der Mensch die gleitenden Bewegungen der Himmelsleuchten restlos auf jene ganzen Zahlen festlegen könne, die er für seinen Kalender brauchte, bezweifelte Beda, vor allem bei dem für die Osterberechnung maßgeblichen Mondumlauf, dessen Maß, *mensura*, er für »nicht genau erkennbar« erklärte. Da das Konzil von Nicaea 325 das Nötigste beschlossen zu haben schien, verzichtete Beda auf arithmetische Nachprüfung und glich mit der Lehre vom Mondsprung alle Abweichungen vom Durchschnittswert aus, allzu pauschal, wie Spätere merkten. Aber Bedas Lässigkeit paßte zu seiner Überzeugung, daß sich die von Gott eingerichtete Zeit menschlichem Ermessen entziehe[57].

Unerbittlich verurteilte er deshalb Kalkulationen des Künftigen nach Art des merowingischen Computus von 727 und wies ehrfürchtig auf Gott, »der als ewig Bleibender die Zeiten schuf, wann er wollte, und das Ende der Zeiten kennt, vielmehr den schwankenden Zeitläuften das Ende setzt, wann er will«. Dennoch blieb innerhalb von Gotteszeit und Naturzeit Platz für Menschenzeit. Denn drei Arten der Zeitrechnung unterschied Beda. Die erste richtete sich nach menschlicher oder göttlicher *auctoritas*: Die Olympiaden waren Setzung der alten Griechen; den Ruhetag am Ende jeder Woche hat Gott selber befohlen. Daneben herrschte menschliche *consuetudo*: Die Teilung des Monats in 30 Tage entsprach weder dem Lauf der Sonne noch dem des Mondes. Andere Zeitbestimmungen folgten der *natura*, so das Sonnenjahr mit 365¼ Tagen; hier schimmerte die rechenhafte Vernunft, die *ratio* des Schöpfergottes durch[58].

Trotzdem erwiesen sich göttliche und natürliche Zeitmaße auch als die humansten. Beda warnte christliche *calculatores* vor heidnischen *mathematici*, die ein Geburtsdatum in Atome zerstückelten und sie zu astrologischen Prognosen zusammenlasen. Sie benötigten Uhren, *horologia*, mit Viertelstundenteilung; Christen aber brauchten keinen kürzeren Termin als die gottgegebene Stunde. Beda empfahl ihnen für gelehrte Zwecke die 24 gleichlangen Stunden von einem Sonnenuntergang zum nächsten. Die Praxis (Beda sprach vom großen Haufen, *vulgus*) zog die je nach Gegend und Jahreszeit ungleichen 12 Stunden vor und zählte sie von der Prim bei Sonnenaufgang über die Sext am Mittag zur Vesper bei Sonnenuntergang; denn dies waren die Zeiten des kirchlichen Stundengebets und der ländlichen Feldarbeit[59].

Auch für die langen Fristen menschlicher Historie fand Beda eine göttliche und natürliche Vorgabe. Verschleiert ist das Ende unserer Lebenszeit und Weltdauer; aber Gott hat beider Anfang kenntlich gemacht. Das Datum der Weltschöpfung, der Ursprung des Wechselspiels zwischen Sonne und Mond, der Beginn der sechs Weltalter und des Menschengeschlechts ließ sich mit arithmetischem, astronomischem und exegetischem Kalkül haargenau bestimmen; Beda errechnete den 18. März 3952 vor Christus. Das Datum wies der Geschichte die Richtung: Zeit war der Pfeil vom göttlichen Ursprung zum paradiesischen Ziel, und noch flog er[60]. Damit wurde Historiographie nicht als Weltgeschichte, immerhin als Heilsgeschichte ermöglicht. Beda breitete sie am Ende seines Lehrbuchs in einer Chronik aus; sie blieb in jedem Wortsinn vorläufig. Immerhin stand das Ende der geschichtlichen Wandlungen, die letzte

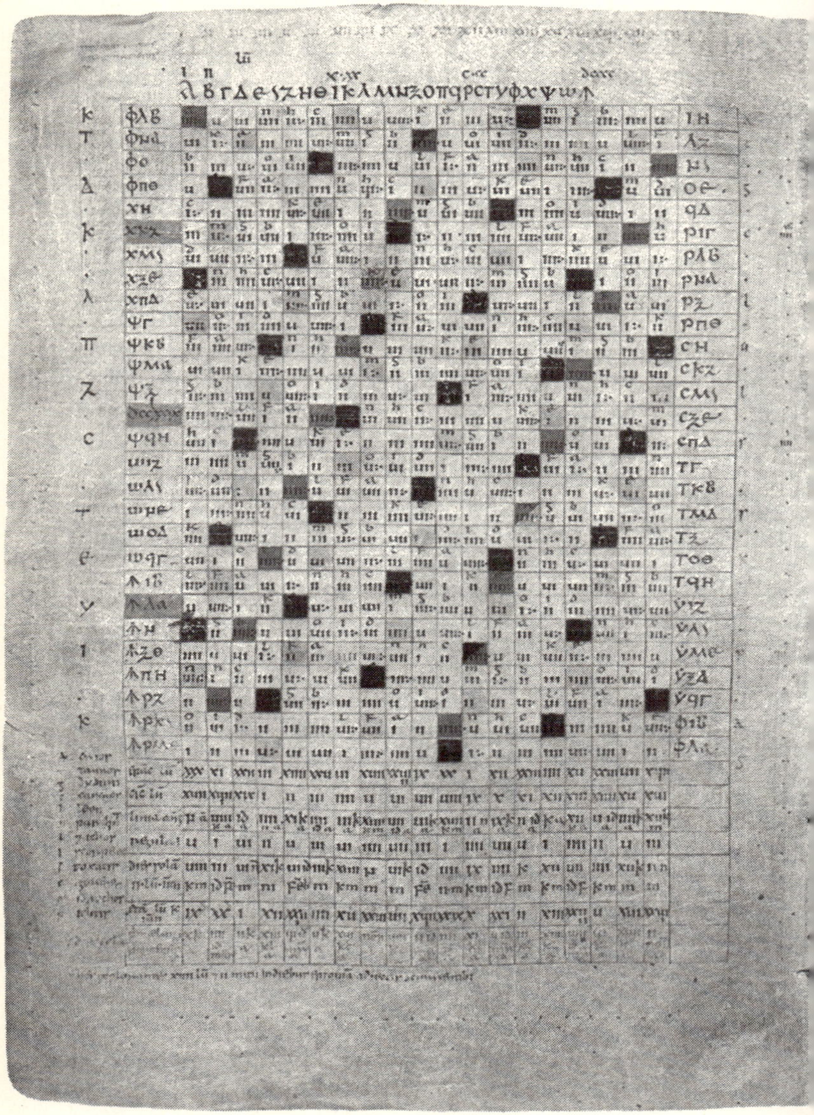

A B Γ Δ E ς Z H Θ I K Λ M N Ξ O Π ϙ P C T Y Φ X Ψ ω ϡ

Margin	Row	Grid	Row
K	ΦΛΒ	[illegible]	ΙΗ
T	ΦΝΑ	[illegible]	ΛΖ
	ΦΟ	[illegible]	Μς
Δ	ΦΠΘ	[illegible]	ΟΕ
	ΧΗ	[illegible]	ϙΔ
K	ΧΙΖ	[illegible]	ΡΙΓ
	ΧΜς	[illegible]	ΡΛΒ
	ΧΞΕ	[illegible]	ΡΝΑ
Λ	ΧΠΔ	[illegible]	ΡΞ
	ΨΓ	[illegible]	ΡΠΘ
Π	ΨΚΒ	[illegible]	CΗ
	ΨΜΑ	[illegible]	CΚΖ
Ζ	ΨΞ	[illegible]	CΜς
	[illegible]	[illegible]	CΞΕ
C	ΨϙΗ	[illegible]	CΠΔ
	ωΙΖ	[illegible]	ΤΓ
	ωΛς	[illegible]	ΤΚΒ
T	ωΜΕ	[illegible]	ΤΜΑ
	ωΟΔ	[illegible]	ΤΞ
E	ωϙΓ	[illegible]	ΤΟΘ
	͵ΑΙΒ	[illegible]	ΤϙΗ
	͵ΑΛΑ	[illegible]	ΥΙΖ
Y	͵ΑΝ	[illegible]	ΥΛς
I	͵ΑΞΘ	[illegible]	ΥΜΕ
	͵ΑΠΗ	[illegible]	ΥΞΔ
	͵ΑΡΖ	[illegible]	ΥϙΓ
K	͵ΑΡΚ	[illegible]	ΦΙΒ
	͵ΑΡΜ	[illegible]	ΦΛΑ

Prüfung im siebenten und das ewige Leben im achten Weltalter, nicht unmittelbar bevor; Beda errechnete die Osterdaten für den gesamten zweiten Großzyklus von 532–1063 nach Christus, für die nächsten dreihundert Jahre[61].

Hauptsächlich betraf die Geschichte unterdessen die Lebensjahre von Bedas Volk und Kirche, das einstweilige Zusammenleben in der warmen und lichten Halle, während es draußen dunkel und kalt war. Beda duldete es, daß seine Landsleute den christlichen Auferstehungsmonat April nach der heidnischen Göttin *Eostre* benannten, nach dem Frühlingslicht, das im Osten aufstieg[62]. Aber wann kam in die Welt das wahre Licht, das nie untergeht? Beda ersetzte 731 in seiner ›Kirchengeschichte des englischen Volkes‹ die kosmische Weltära durch die humane Datierung nach der Fleischwerdung Jesu Christi. Weil dieses Buch Bedas für die mittelalterliche Geschichtsschreibung vorbildlich wurde, reden wir heuer nicht wie die alten Römer vom 2752. Jahr nach Gründung der Stadt Rom, auch nicht wie orthodoxe Byzantiner und Russen vom 7507. Jahr nach Erschaffung der Welt, sondern vom Jahr 1999 nach Christi Geburt[63].

Beda vergegenwärtigte vollendete Heilsgeschichte noch unmittelbarer, im ersten Werk jener Gattung, die wir ›historische Martyrologien‹ nennen. Er kannte Heiligenverzeichnisse mit Tausenden von Namen, insbesondere das sogenannte ›Martyrologium Hieronymianum‹. Es vermerkte nicht, wann, wo und wie ein Märtyrer seinen Glauben bezeugt hatte, also auch nicht, was sein Tod die Lebenden anging. Diesem Mangel half Bedas Martyrolog ab, das den Todestag der Gefolterten zu ihrem Geburtstag für die Ewigkeit verklärte. Er beschrieb es so: »Ein Martyrologium mit den Geburtstagen der heiligen Märtyrer, in dem ich mich bemühte, von allen, die

Linke Seite: Kalendertafel Bedas, irische Handschrift, Laon oder Soissons um 850, heute Landesbibliothek Karlsruhe. In jeder Zeile die 19 Jahre eines Mondzyklus, hier die Zahl des Wochentags am 24. März, darüber Mondbuchstabe zur Osterbestimmung, Tierkreiszeichen (auf griechisch, links außen), Schaltjahre (mit drei Punkten), Anfangsjahre des 28jährigen Sonnenzyklus und der 15jährigen Indiktion (beide farbig) für den ganzen zweiten Osterzyklus von 532 bis 1063 (Jahreszählung in griechischen Lettern links, für den ersten Zyklus von 1 v. Chr. bis 531 n. Chr. rechts).

ich finden konnte, sorgfältig zu verzeichnen, an welchem Tag, auf welche Weise, unter welchem Richter sie die Welt besiegten«[64]. Beda zog dafür alle erreichbaren Quellen heran, für die jüngste Vergangenheit auch seine eigenen Geschichtswerke. So notierte er, daß der Langobardenkönig kürzlich die Gebeine des heiligen Augustin nach Pavia überführen ließ; das war noch kein Menschenalter her. Mit derselben hoffnungsvollen Nachricht beschloß Beda die Chronik in ›De temporum ratione‹: Die Heiligen des Himmels bleiben bei uns[65].

Das Martyrologium Bedas setzte 114 kritisch gesichtete Heiligennamen in den Ablauf des Kirchenjahrs, als Wegweiser zum jenseitigen Ziel hin, so wie die geprüften Daten der Chronik den Weg vom Ursprung des Diesseits her markierten. Seitdem begann das Mittelalter seine Werktage zu Namenstagen von Heiligen zu machen. Man kann nicht nachdrücklich genug unterstreichen, was die moderne historiographische Forschung zu übergehen liebt: Beda führte Zeitrechnung, Liturgie und Geschichtsschreibung zusammen; diese ist nicht ohne jene zu begreifen. Computus, Martyrolog und Chronik bildeten fortan drei gleich mächtige Hauptsäulen jener Gelehrsamkeit, die in benediktinischen Klöstern gedieh. Sie brachte die Ewigkeit in die Gegenwart ein[66].

Eine vierte Säule, die wir für zentral halten, stand im monastischen Zeitenbau abseits, der Jahreskalender. Den frühesten des lateinischen Mittelalters verfaßten englische Benediktiner um 685; ihr Landsmann Willibrord nahm ihn in seine Gründung Echternach mit. Er zählte die Zeit noch nach dem caesarischen System, unterdrückte aber dessen astrologische Hinweise auf Planetengötter, Tierkreiszeichen und Unheilstage. Beim 2. März nannte er den kürzlich, 672, verstorbenen englischen Bischof Ceadda und ließ offen, ob er noch als hilfsbedürftiger Toter oder schon als hilfsbereiter Heiliger fungierte. Da im Martyrolog die Heiligen der Weltkirche, in der Chronik die Mächtigen der Universalgeschichte verzeichnet standen, blieben für den Jahreskalender nur kurzfristige und kleinräumige Erinnerungen und Erwartungen. Noch Beda ordnete dieses Hier und Jetzt dem Eh und Je unter; das Vordringen des Jahreskalenders kündigte einen Wandel an.

Daß er aus der Mönchsklausur hinausführte, lehren Zusätze, die man dem Kalender in Echternach bis etwa 750 beifügte. Willibrord selber hielt fest, daß er 690 ins Frankenreich gekommen sei, 695 in Rom die Bischofsweihe empfangen habe und hier jetzt im Jahr 728 lebe. Andere vermerkten die Anfänge der vier Jahreszeiten, die in der Liturgie der Mönche fast nichts, in der Ökonomie der Bauern fast alles bedeuteten. Ferner notierten sie Sieg und Tod des Hausmeiers Karl Martell, die den Tageslauf von Geistlichen nur nebenbei, den Lebenslauf von Adligen und Kriegern gründlich verwandelten. Wer nun noch die von Komputisten ermittelten Sternbewegungen und Rechenhilfen in den Jahreskalender übertrug, machte ihn zum Zeitweiser nicht mehr nur für den immerwährenden Aufstieg zum Himmel, sondern auch für die augenblickliche Behauptung auf Erden.

Kirchenglocke und Arbeitstakt im 9. Jahrhundert

Diesen Zusammenhang vertiefte die Karolingerzeit. Sie hielt sich an ein neues Zeitzeichen, die Glocke. Wort und Sache kamen aus dem Keltischen zu den Franken. Bonifatius brachte beides auf den Kontinent mit; Engländer bezeichnen mit *clock* noch heute die Uhrzeit. Die Handglocke gliederte das tägliche Stundengebet der Geistlichen, die Turmglocke rief Laien zur festlichen Messe. Gelehrte Zeitgenossen wußten, daß die Tagesteilung durch Glockenklang eine Neuerung war, führten sie indes lieber auf das altkirchliche Italien zurück und leiteten den lateinischen Namen *campana* von der dortigen Landschaft Campanien her. Ihren Mitbrüdern schärften sie ein, wann sie im Tageslauf und im Kirchenjahr läuten mußten. Die Glockenzeit war von vornherein historischer als Schöpfungs- und Naturzeit, liturgisch und rational in einem[67].

Karl der Große befahl 789, während die Lorscher Mönche einen neuen Reichskalender entwarfen, daß alle Priester wie mit Psalmen, Noten, Melodien und Grammatik, so mit dem *compotus* vertraut und mit korrekten Lehrbüchern darüber versehen sein müßten. Wie er selbst diese Vorschrift für das ganze Reich unermüdlich wiederholte, so griffen die Bischöfe sie für einzelne Diözesen auf[68]. Der Herrscher persönlich ging mit gutem Beispiel voran, erlernte die *ars conputandi* und erforschte den Sternenlauf. In der Wasseruhr, *horologium*, die ihm 807 aus dem Orient zukam, sah er bloß ein Spielzeug; Zeit mußte nicht künstlich hergestellt und mechanisch gemessen, sondern am Himmel fromm betrachtet und weise berechnet werden[69].

Alkuin von York half Karl zwischen 797 und 799 mit brieflichen Erläuterungen zu *computus* und *calculatio* von Sonnen- und Mondbahn. Obwohl sich der Angelsachse nur zögernd in »die

Älteste erhaltene Handglocke, wohl aus Irland 7. Jahrhundert, heute Stiftskirche St. Gallen. Eisenblech, Höhe 33 Zentimeter, Aufhängevorrichtung und Klöppel neuzeitlich, Bemalung aus dem 18. Jahrhundert mit der Inschrift: »Anno 612 hat diss für sein Gloggen gebraucht der Heilige Gallus in seiner Wohnung zu S. Gallenstein bey Bregenz«.

Stampfmühlen der *calculatores*« und »die Rußküchen der *mathematici*« wagte, rückte er ihre Werkstätten zusammen und befreite so die Mathematik vom Odium der Sterndeuterei[70]. Karl wollte seine Erkenntnisse unters Volk bringen und die römischen Monatsnamen nach Bedas Vorbild durch naturnahe ersetzen, beim März an den Frühling, beim April an das Osterlicht erinnern: *Lentzinmanoth, Ostarmanoth*. Sein Sohn Ludwig der Fromme verwarf diese barbarische Vitalität und nahm lieber den heidnischen Kriegsgott Mars in Kauf als den Verzicht auf schriftliches, lateinisches Datieren. Deswegen lesen wir heute bei Dichtern von Lenzgefühl und Osterwonne, aber auf den Rechnungen steht März und April[71].

Ein kurioses Prüfungsprotokoll von 809 bekundet, daß auch Karls gelehrte Absichten die Mitlebenden überforderten. Da wurden Fachleute für kirchliche Zeitrechnung einberufen und abgefragt; sie verstanden Beda nicht ganz, darüber hinaus nichts. Immerhin empfingen sie hier einen besonderen Namen, fast als Rangabzeichen, *compotiste*. Was sie lernen sollten, ließ Karl sogleich in einer siebenbändigen Enzyklopädie zusammentragen. Das Mammutwerk wurde sogar in den Bildungszentren des Reiches nur teilweise kopiert. Es aktualisierte drei Verzeichnisse Bedas, das Martyrologium mit den liturgischen und komputistischen Daten des Kirchenjahres, die Tabellen der Mondzyklen und des Osterzyklus, die Chronik der Weltjahre bis ins derzeitige Jahr, das neunte von Karls Kaisertum, das 4761. der Schöpfung. Eine Sammlung komputistischer Regeln lehrte diese Listen und den beigefügten Jahreskalender zu benutzen. Hinzu kamen Texte antiker Autoren, Beschreibungen der Sternbilder nach Hyginus, der Planetenbahnen nach Plinius, der Vermessung von Erde, Sonne und Mond nach Macrobius und Martianus Capella. Zeitrechnung und Zeitmessung sollten zur Naturkunde fortgebildet werden[72].

Anstelle eines so globalen Programms brauchten die Zeitrechner einfache Lehrbücher für abgegrenzte Sparten. Diesem Unterricht widmete Hrabanus Maurus 820 als Klosterlehrer in Fulda einen ›Computus‹, der sich auf Bedas Werk stützte, so wie nachher ein ›Martyrologium‹, das er zwischen 840 und 854 als Mainzer Erzbischof verfaßte. Hraban verstand als Feier heiliger Gegenwart, was wir Historiker zur profanen Datierung seiner Bücher mißbrauchen. Als Komputist rief er festlich das Jahr des Herrn 820 aus, das siebente Kaiser Ludwigs, sogar den Tag: »Ich schreibe heute, am 22. Juli.« Ebenso verkündete sein Heiligenkalender, daß man die Gebeine des heiligen Rufus von Metz »zu den Zeiten Kaiser Lothars«, also nach Ludwigs Tod 840, in die Wormser Gegend übertrug: Gegenwartsgeschichte als Heilsgeschichte, die dem auch räumlich begrenzten Gesichtskreis der Lebenden ein übergreifendes Maß gab.

Zu astronomisch großen Zahlen drängte es den Schulmeister nicht. Hraban setzte das platonische Großjahr, den Umlauf aller Planeten, schlichtweg mit den 532 Jahren des Osterzyklus gleich, dem Produkt von achtundzwanzigjährigem Sonnenzyklus und neunzehnjährigem Mondlauf. Die zwei Hauptleuchten allein bestimmten den Ablauf aller Jahre, Monate, Wochen und Tage. Bei Tag bot die Bewegung der Sonne, bei Nacht immerhin die der Sternbilder dem *horoscopus* und *calculator*, dem Wanderer und Seefahrer das kleinste verfügbare Maß, die Stunde. Sonnenuhren gingen höchstens auf die Stunde genau; aber bräuchte man für Nachtgestirne nicht doch kleinere Einheiten, als Beda zugelassen hatte? Ohne mit ihnen zu rechnen oder sie mit Wasseruhren zu messen, führte Hraban als kleinstes Zeitmaß das Atom ein, von dem 22 560 auf eine Stunde gingen, als kleinstes Zahlmaß den *scripulus*, den 288. Teil einer Eins. Der abwertende Klang unseres Wortes *Skrupel* lehrt freilich, daß Hraban in der Umgebung von Adligen und Bauern mit solcher ›Haarspalterei‹ keine Schule machte[73].

Hrabans Schüler Walahfrid Strabo studierte um 827 in Fulda, nachher in Aachen, schließlich daheim auf der Reichenau die Enzyklopädie von 809 intensiv. Er bezog ihre pauschalen Richtlinien auf seinen liturgischen und geographischen Erfahrungsbereich und setzte nach anfänglicher Unsicherheit die komputistischen und hagiographischen Bestrebungen des Meisters in Verse um, auch er um genaue Datierung und Lokalisierung denkwürdiger Tage bemüht[74]. Verwandte Dichtungen schlossen sich an, die dem Gedächtnis durch klangvolle Rhythmen aufhalfen. Noch strebte ja geistliche Bildung nach lautem Vortrag des auswendig Gelernten, nicht nach stiller Lektüre im Buch. Der Mönch Wandalbert von Prüm, bereits als Hagiograph ausgewiesen, verfaßte 848 ein Martyrolog, ohne Hrabans Schrift zu kennen. Es besang den Weg von der Schöpfung der *mundi machina* am 18. März 3952 vor Christus bis zur Gründung Münstereifels 844 nach Christus, verquickte mit der zielgerichteten Historie des Heils aber auch einen komputistischen Kalender der wiederkehrenden Jahreszeiten und Bauernarbeiten, Monatsnamen und Sonnenstände. Die ungreifbare Zeit näherte sich dem handfesten Raum[75].

Der Mönch Agius von Corvey, ebenfalls Autor einer Legende, dichtete 863 komputistische Disticha zu einer Ostertafel und 864 eine umfangreichere Sammlung von Hexametern. *Compotus hic alfabeto confectus habetur*, deklamierte der erste Vers und meinte mit ›alphabetisch angelegt‹ acht Tabellen nach Bedas Muster, in denen Rechenunkundige Buchstaben vorfanden. Gleichwohl feierte Agius im vorangestellten Widmungsgedicht auf Cassiodors und Isidors Art die Zahl als Grundprinzip der Schöpfung, ihre Kenntnis als höchste Wissenschaft, weil sie die Zeiten, von den Jahren bis zu den Stunden, unterscheide und so den Menschen ihre Arbeiten zumesse. Kirchliche Zeitrechnung und gelehrte Zahlenkunde schienen dem Bedürfnis der Laien nach Einteilung und Begrenzung der Arbeitszeit entgegenzukommen[76].

Von hier aus lag es nahe, auch die Lebenszeit der Laien, ihre Erinnerungen an prägende Eindrücke, ihre Erzählungen von vorbildlichen Taten mit der kirchlichen Zeitrechnung zu verbinden. Die Frankengeschichte Gregors von Tours und die englische Kirchengeschichte Bedas hatten schon dazu angeregt, dem lateinischen *computare* auch die Bedeutung ›erzählen‹ beizulegen. Vollends die Nichtgelehrten Europas verklammerten das Erzählen von Geschichten und die Zählung von Zeit; die volkssprachlichen Vokabeln *conter, contar, raccontare, erzählen, to tell* bezeugen die Rationalität der einfachen Leute. Wenn man sie nach der Entvölkerung ihres Dorfes oder dem Schwund ihrer Viehherde fragte, antworteten sie nicht mit einer Statistik, sondern mit einer Geschichte.

In der lateinischen Literatur berührten sich Zeitrechnung und Erzählkunst am engsten bei karolingischen Annalen, die für Spätere festhielten, was während eines Jahres im Blickfeld des Schreibers geschah. Für die laufende Jahreszählung benötigte kein Annalist Komputistik. Dennoch begann ein Regensburger Fortsetzer der ›Annales Fuldenses‹, nachdem er zu 884 schon mehrere empörende Vorfälle erzählt hatte, die nächste Geschichte mit den Worten: *instanti anno, quo ista conputamus*, »im augenblicklichen Jahr, in dem wir dies erzählen«[77].

Doch kam es vorerst zu keiner weiteren Begegnung zwischen Schriftwesen und Volkssprache, Zeitrechnung und Lebenserfahrung. Denn die Gelehrten zogen sich in die Elfenbeintürme zurück. An Beda orientierte sich zwar auch Ado von Vienne, der während der 850er Jahre in Lyon ein Martyrologium zu schreiben anfing und vor 870 als Erzbischof von Vienne eine Chronik abschloß. Hier aber begann der karolingische Impetus zu erlahmen. Ados Martyrolog rückte nur noch eine aktuelle Notiz ein, die Verlegung des Allerheiligenfestes durch Kaiser Ludwig den Frommen. Ados Chronik näherte sich für die frühchristliche Zeit einem Martyrolog und erzählte Geschichte der Märtyrer, jedoch nicht an komputistisch exakter Chronologie, dafür an geographischen Verbindungen seines Bistums interessiert[78].

Auf Ado fußte schließlich der Mönch Usuard von Saint-Germain mit einem 865 beendeten Martyrologium, das die offengebliebenen Lücken im Kirchenjahr schloß, mehr um Auffüllung als um Nachprüfung besorgt. Es wußte zu jedem Tag mehrere Heilige herzubeten, insgesamt an die zwölfhundert, in durchweg kurzen Einträgen, die räumliche Bezüge stets, zeitliche fast nie erwähnten. Nach einer Spanienreise nahm Usuard noch Christen auf, die während der 850er Jahre in Córdoba von Muslimen getötet worden waren; aber wer ihr Sterbejahr nicht anderswoher kannte, mußte sie für frühchristliche Märtyrer halten. Auch sonst opferte Usuard die Historie und tilgte beim 1. November sogar Ados Hinweis auf Ludwig den Frommen. Damit wurde der hagiographische Teil von Bedas Programm mehr abgebrochen als abgeschlossen[79].

Ähnliche Ermüdung machte sich in Komputistik und Chronistik breit. Einzelne Bischöfe, besonders im Westfrankenreich, forderten weiterhin von ihren Priestern Kenntnis des *computus necessarius*. Anhand von Buchstaben für Sonntage und Mondstände, von Zahlen für Epakten, Konkurrenten und Regularen sollten sie Wochentage, Monatsanfänge, Fastenzeiten, Ostergrenzen und Hauptfeste des Jahres bestimmen können, und zwar ohne Zuhilfenahme von Büchern, *memoriter*[80]. Wer bloß nach Daten gefragt wurde, fragte selten nach ihren Gründen. Darunter litten die Autoren neuer Lehrbücher, wie der Mönch Helperich von Auxerre, der zu Anfang des 10. Jahrhunderts einen oft kopierten ›Liber de computo‹ verfaßte. Er regte in der *ars compoti*, die er auch *calculatoria ars* nannte, noch Neuerungen an, etwa daß ein *studiosus*, der seinen Augen mehr als den Buchstaben traue, den Auf- und Untergang der Sonne nicht nur errechnen, sondern auch beobachten und messen könne. Die Umläufe des Mondes seien nicht durch gerundete ganze Zahlen zu fassen, sondern erst nach Zerlegung in jene Bruchteile von Zeit und Zahl, die Hraban eingeführt hatte. Trotzdem behauptete Helperich, bloß eine Blütenlese aus älteren Werken, zumal aus Beda vorzubringen; denn dies erwartete sein Publikum[81].

Als Abt Regino von Prüm um 906 eine kirchenrechtliche Sammlung anlegte, mutete er Geistlichen seinesgleichen nicht mehr das Studium von Bedas theoretischen Grundlegungen zu, nur noch Kenntnis des *compotus minor*, der Faustregeln für das laufende Jahr. Daß er selbst nicht weiterzurechnen wußte, lehrt seine 908 abgeschlossene Chronik. Hier setzte Regino Ados Bestreben fort, den frühchristlichen Teil zum Martyrolog auszubauen. Er schob bei einzelnen Jahren, die er noch nach römischen Kaisern zählte, ganze Litaneien von Heiligen ein, die ungefähr gleichzeitig gewirkt hatten, wie er aus Ados Martyrologium ersah. Regino erweckte den Anschein, als sei die gesamte Zeitspanne der Chronik seit Christi Geburt komputistisch abgesichert *usque in presentem annum, qui computatur a prefata incarnatione Domini nongentesimus octavus.* Aber er zählte so schlecht, daß ihm der Versuch gründlich mißlang, die von Dionysius Exiguus aufgestellten Zyklen nach Christi Geburt mit den Regierungsjahren römischer Kaiser und christlicher Päpste in Einklang zu bringen. Auf der Strecke blieb auch Wandalberts praktische Verbindung zwischen klösterlichem Feiertag und bäuerlichem Arbeitstag[82].

Indes verlegte sich die gelehrte Anstrengung auf Nachbargebiete, die räumlicher Einbindung und Abgrenzung besser widerstanden. Der Aufschwung des gregorianischen Choralgesangs in karolingischen Münstern zwang zur Präzisierung musikalischen Empfindens. Musik war seit Augustin mit der Zeit, seit Boethius mit der Zahl verbunden, von Beda jedoch nur beiläufig behandelt worden. In den 840er Jahren schrieb der Mönch Aurelianus von Réomé eine ›Musica disciplina‹, das erste eigenständige Lehrbuch der Musiktheorie seit Boethius; er widmete es einem Enkel Karls des Großen. Wie Aurelian dozierte, bestanden alle Gesetzmäßigkeiten, *rationes*, der musikalischen Kunst aus Zahlen. Dem irischen ›Computus‹ des 7. Jahrhunderts sprach Aurelian nach, daß, was die Lateiner *computus* nannten, nichts anderes meinte als *numerus*. Wie Arithmetik, Geometrie und Astronomie fiel die Musik in die Zuständigkeit der Naturkunde; man hörte es an den Sphärenharmonien der Planeten, den Proportionen zusammenklingender Töne, den Rhythmen aufeinanderfolgender Töne, den Bauformen der acht Kirchentonarten, die Aurelian erstmals erklärte. Daraufhin verdichteten sich für die nächsten zwei Jahrhunderte die Verbindungen zwischen Kirchenmusik und Zeitrechnung. Zum Beispiel entstanden gesungene Merkverse zur Komputistik, Fortbildungen von Walahfrids und Wandalberts Gedichten, die von der Forschung erst neuerdings aufgespürt und entschlüsselt werden[83].

Wachsenden rationalen Ansprüchen sah sich liturgische Entrückung auch bei der Verkündung örtlicher Feiertage ausgesetzt. Notker der Stammler, Mönch von St. Gallen und ein bedeutender Musiker, legte um 896 ein Martyrologium an, das er als Kurzfassung vieler Kirchengeschichten verstand. Mit historischen und komputistischen Argumenten erschütterte er zahlreiche Daten des Kirchenkalenders, so den herkömmlichen, keineswegs gesicherten Todestag des Evangelisten Markus, wie ihn die Nachbarabtei Reichenau beging. Er hing unmittelbar davon ab, wann die frühesten Christen Ägyptens Ostern gefeiert hatten, und das war nicht leicht herauszufinden. Notker verschob auch jüngere Feste, wie das der heiligen Afra von Augsburg, die andere mit einem mesopotamischen Märtyrer namens Afer verwechselt hatten, und riet von impulsiver Einführung neuer Heiligenfeste ab, wie sie der Mainzer Erzbischof Hatto soeben beim Georgskult auf der Reichenau plante[84]. Rationalität und Aktualität wurden zur Voraussetzung für stimmiges Gotteslob. Auf diese Weise forderte der karolingische

Computus von den Mönchen nicht bloß hingebungsvollen Gottesdienst, sondern auch kritische Wachsamkeit gegenüber regionaler Genügsamkeit, mithin ein neues Zeitverständnis.

Wahrnehmung des gestundeten Moments im Hochmittelalter

Das 10. Jahrhundert, in der historischen Forschung bisweilen noch als ›Saeculum obscurum‹ behandelt, verhalf den rationalistischen Ansätzen der Karolingerzeit zum Durchbruch, rief damit allerdings Spaltungen im Zeitbewußtsein Europas hervor. Künftig sprachen die wenigen Fachleute über Zeit und Zahl anders als die vielen Laien. Sogar daß jeder Priester den Computus beherrschen müsse, konnte das Kirchenrecht nicht mehr verlangen. Denn kritische Zeitrechnung kam nicht mit den auswendig gelernten Formeln des *compotus minor* aus, sie brauchte Tabellenwerke zum Nachschlagen. Ferner erforderte sie immer mehr mathematische Spezialbegabung, immer weniger historische Allgemeinbildung, von deren karolingischer Gemeinsamkeit sich die werdenden Nationen Europas ohnehin entfernten. Sie vertrauten Geschichtsbildern, deren emotionale Erlebnis- und Erzählzeiten nicht berechnet werden mußten, und provozierten damit erst recht die Rationalität der Gelehrten[85].

Lohnte sich denn ihre Anstrengung noch? Mehr in den Gemütern als in den Köpfen rumorte eine Zahl, die aller Zeit ein baldiges Ende zu setzen drohte. Sie gründete sich nicht mehr auf die naiven Kunststücke merowingischer Komputisten, die zu einem Schöpfungsdatum sechstausend Jahre zählten, um das jüngste Gericht zu datieren. Mysteriöser und präziser, christlicher und historischer klang die Weissagung der Geheimen Offenbarung (Apoc. 20,2–10). Der Teufel sei für tausend Jahre nach Christus gefesselt und könne keine weiteren Völker verführen. Dann jedoch werde der Antichrist freikommen, die Gemeinde der Heiligen quälen, die Ausbreitung des Glaubens hemmen und so das Endgericht Gottes über die Welt provozieren. Die meisten Theologen hatten seit Augustin vor einer Berechnung des Jüngsten Tages gewarnt, denn niemand wisse »den Tag und die Stunde« (Matth. 24, 36). Sie mußte ja nicht genau 1000 Jahre nach Christi Geburt hereinbrechen, vielleicht erst ein Menschenalter danach, beim Millennium von Christi Auferstehung.

Die meisten Komputisten hatten seit Beda das Datum der Weltschöpfung diachronisch festzustellen versucht, sich aber seit Dionysius Exiguus gehütet, den ersten Weihnachtsabend und den ersten Ostermorgen synchronisch in die römische Kaiserzeit einzubinden. Sie wollten Christus nicht jener irdischen Historie unterwerfen, die er überwand. Damit ließen sie auch offen, wann der Menschensohn wiederkommen würde, um Gericht zu halten über Lebende und Tote. Christen mußten ohnedies jederzeit, solange noch Tag war, auf die Ankunft ihres Herrn hin leben und gleich nach dem Tod vor ihren ewigen Richter treten. Ihre Lebenszeit war immer gestundet, unabhängig von der Geschichte, die einigen Völkern das Überleben vorläufig erlaubte.

Aber jetzt wurden auch die langhinschwingenden Rhythmen des europäischen Alltags, Menschenalter und Jahreszeit, Kirchenjahr und Stundengebet, schmerzlich gestört. Seit dem späten 9. Jahrhundert stockte die Missionierung Europas; zum ersten Mal seit der Völkerwanderung hörte die Expansion auf und kehrte sich um. In das karolingische Reich fielen nichtchristliche Völker ein, Ungarn aus dem Osten, Wikinger aus dem Norden, Araber aus dem Süden und Westen, anscheinend Vorboten des Antichrist, dessen apokalyptische Stunde im ausgehenden 10. Jahrhundert sowieso schlug. Eindeutig waren solche Zeichen indessen nicht zu entziffern. Dieselben Araber, die das christliche Nordspanien verheerten und 985 Barcelona besetzten, brachten Kenntnisse und Geräte für Zeitrechnung und Zeitmessung mit, deren Genauigkeit das lateinische Europa verblüffte. So heillos der Islam sein Wissen mit astrologischem Blendwerk vermengt haben mochte, die arabische Arithmetik, Geometrie und Astronomie bewahrte doch nicht bloß das Erbe der griechischen Antike, vorab die Enzyklopädie des Ptolemaios, sondern auch Reste jenes Heilswissens, das der Erzvater Abraham vom Zweistromland nach Ägypten gebracht hatte.

Kam dieses Gottesgeschenk der Naturwissenschaft nicht zur rechten Zeit in den Westen, um die verwirrten Christen aufzurütteln? Nirgends war Gottes Heilsplan so klar abzulesen wie an den Zeichen des von ihm geschaffenen Kosmos, an Sonnenjahr, Mondmonat und Sternstunde. Wer diese Zeichen richtig zu deuten wüßte, könnte die Welt nach den Richtlinien des Schöpfers erneuern, die Kirche Christi reformieren und das drohende Ende der Menschheit in ihren Aufbruch verwandeln. Es galt nur den gestundeten Moment wahrzunehmen, nämlich gelehrt zu erkunden und gläubig zu nutzen[86].

Seit 978 kritisierte Abbo von Fleury in einem ›Computus vulgaris‹, der alles andere als vulgär war, die Eckdaten Bedas für Kreuzigung und Schöpfung. Abbo nutzte dabei seine arithmetische Kompetenz als *calculator*, die sich bei der Kommentierung eines spätantiken Rechenbuchs in Tabellenform bewährte. Schon dabei räumte er, im Gefolge Platons und seiner spätantiken Erben, der Zeit mehr Eigengewicht ein als Augustin und Beda; sie lockte ihn als Problemfeld für Nachdenkliche, nicht als Spielraum für Tatkräftige. Zeit war eine geistige Form, letztlich in der Einheit Gottes verwurzelt, gleichwohl quantitativ entfaltet, aber menschlicher Sinneswahrnehmung entzogen. Sie ließ sich nicht körperlich greifen wie fünf Münzen, dennoch genau so zählen und teilen, nur auf gelehrte Weise, die bloß indirekt auf den Alltag wirken konnte. Als Exempel dafür benutzte Abbo nicht die Sonnenuhr mit ihren sichtbaren, jedoch schwankenden Temporalstunden, sondern die Wasseruhr *(clepsidra)*, die eine abstrakte, dafür gleichmäßige Teilung in Äquinoktialstunden erlaubte. Wer den Sternenhimmel in Muße betrachtete, dem wies sie sogar Bruchteile von Stunden nach, die der gemeine Mann weder spürte noch brauchte. Trotzdem setzte der monotone Fluß ihres Wassers, zusammen mit der Drehung des Fixsternhimmels, das sicherste Maß für das jährliche Auf und Ab der Sonnentage und Stunden in unserem Leben. Wenigstens in benediktinischen Klöstern kam es vor allem auf den Beginn des Tageslaufs, die Stunde des nächtlichen Weckens an, und dafür schrieb Abbo in Fleury wie einst Cassiodor in Vivarium tatsächlich eine Wasseruhr vor; sie gab dem Wachhabenden das Zei-

chen zum Läuten der Handglocke im Schlafsaal. Die handwerkliche Einrichtung dieses Überlaufbeckens zu erläutern, dazu ließ sich Abbo so wenig wie Cassiodor herab[87].

Weit unbedachter und zupackender als Philosophen und Astronomen hantierten Komputisten und Historiker mit viel größeren Spannen, so als verfügten sie gottgleich über die Einheit aller Zeiten und Zahlen; deshalb bargen ihre Mutmaßungen viel ärgere Fehler. Abbo deckte sie schonungslos auf. Wenn der Todestag des Ordensgründers Benedikt von Nursia, der 21. März, wirklich ein Karsamstag gewesen war, dann verfehlten ihn Bedas Tabellen um 20 Jahre. Beda hatte die Kalenderjahre zwar richtig abgezählt, aber falschen historischen Daten zugeteilt. Doch wer die Schöpfungszeit ergründen wollte, durfte nicht den Geschichtsschreibern trauen, den *historiographi* und *chronographi*. Abbo trennte die Zuverlässigkeit der Natur, *naturae ordo*, strikt von der Glaubwürdigkeit der Tradition, *historiae fides*. Daß die herrschende Meinung Menschenzeit mit Naturzeit verwechsle, habe Verwirrung gestiftet; Bedas langjähriges Ansehen müsse zurückstehen hinter einer neu zutage tretenden Wahrheit[88].

Um sie der Nachwelt weiterzugeben, entwarf Abbo einen immerwährenden Kalender, kunstvolle Tabellen mit Zahlen und Lettern, nach Art karolingischer Figurengedichte, aber viel zu umfangreich, um auswendig gelernt zu werden. Was Beda begonnen und Agius fortgeführt hatte, erhob Abbo zum Grundsatz: Zeit berechnen konnte der *calculator* mit verschiedensten Zeichen, nicht nur mit Fingern und Zahlen, auch mit Buchstaben, deren jeder einen Tag vertrat, und mit dem ganzen Alphabet, das den Jahreslauf gliederte: *Idem alphabetum tredecies computatur in uno anno.* Die arithmetische, geometrische und ›literarische‹ Regelmäßigkeit die-

Linke Seite: Astrolab des Muhammed as-Saffar, Toledo 1029, heute Staatsbibliothek Berlin. Vorderseite des ältesten erhaltenen Astrolabs aus dem islamischen Spanien, Messing, Durchmesser knapp 8 Zentimeter. Gradeinteilung am Außenrand, drehbare ›Spinne‹ (exzentrischer Tierkreis) mit 29 Sternmarken, erhalten auch Einlegescheiben mit Höhenlinien (oben, für die Breiten zwischen dem Äquator und der Grenze der bewohnten Erde bei 66 Grad) und Kurven der ungleichen Stunden sowie der fünf islamischen Gebetsstunden (unten).

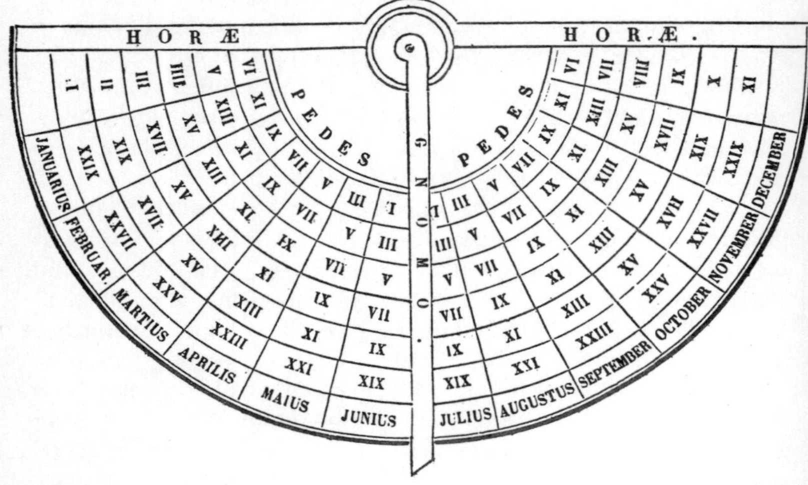

Horologium Abbos von Fleury, um 1000, Umzeichnung aus Abbos Handschrift, heute Staatsbibliothek Berlin. Angabe der Schattenlängen eines Menschen in Vielfachen seiner Fußlänge zu den Tagesstunden VI–I und (damit identisch) VI–XI in den zwölf Monaten des Jahres.

ser Zeichen strahlte Schönheit aus, keine sinnenfällige, eine reflektierte, die Schönheit mathematischer Formen, die sich in den ungebrochenen Zahlen ganzer Tage, Monate und Jahre ausdrückte. Nicht umsonst studierte Abbo spätantike Kommentare zu Platons ›Timaios‹.

In Zeiten und Zahlen spiegelte sich nicht mehr so unvermittelt wie für Isidor von Sevilla die Autorität Gottes, sondern einerseits natürliche Ordnung, andererseits geschichtliche Gewohnheit. Der Reformer Abbo wollte beide neu miteinander versöhnen und auf diese Weise den Abstand kontemplativer Mönche von aktiven Laien verringern. Ihnen zuliebe akzeptierte er sogar die ›Fuß-Sonnenuhr‹, die man in der römischen Spätantike für Bauern ersonnen hatte. Sie nahm zum Schattenstab den Beobachter selbst. Er mußte abschreiten, wie viele Fußlängen jeweils in seinen Schatten paßten, und konnte dann aus einer Tabelle die Tagesstunde ungefähr ablesen. Die Zahlen, einst für Italien ermittelt, führten nördlich der Alpen in die Irre; um die Tradition zu korrigieren, blieb noch viel zu tun. Aber Abbo berechnete unverdrossen das Wichtigste, die Ostertermine für das ganze demnächst beginnende Großjahr, den dritten Osterzyklus von 1064 bis 1595. Er beteuerte, Gott allein wisse, ob die Welt diesen dritten Kreislauf vollende; doch daß sie ihn beginnen würde, daran zweifelte er nicht. Was immer auf das Menschengeschlecht zukam, eines stand fest, die kalendarische Jahresordnung: »So wie das erste Jahr des fleischgewordenen Worts und dann das 533. Jahr gewesen ist, so wird auch das 1065. Jahr sein«[89].

Gegen die Verschränkung von Natur und Geschichte durch rechnende Vernunft regten sich Widerstände von beiden Seiten, von vorantreibenden und von zurückhaltenden Kräften. Zu Abbos Lebzeiten wurden im christlichen Nordspanien arabische Traktate ins Lateinische übersetzt, die das Astrolab, ein astronomisches Instrument, besprachen. Um es ins Abendland einzuführen, schrieb möglicherweise Lupitus von Barcelona um 980 eine Vorrede, die dem kirchlichen Vorurteil gegen Astrologie entgegenhielt, daß die Astronomie die *superna machina*, den Weltbau Gottes untersuche und daß das Astrolab auch für korrekten Gottesdienst unentbehrlich sei. »Denn jeder Geistliche muß in eifrigem Nachdenken und wahrhaftiger Untersuchung die *computatio* der vergangenen und künftigen Zeiten lernen, damit er sich und anderen den Beginn des Osterfestes und die Zeitpunkte sonstiger Feiertage richtig angeben kann. Dazu, daß er die Chorgebete tags und nachts zu den rechten Stunden singe...«

Das Astrolab sollte mithin die mehr mnemotechnischen als arithmetischen Methoden lateinischer Zeitrechnung verbessern, wenn nicht ersetzen, die Faustformeln Gregors von Tours, über die noch Abbo von Fleury kaum hinauskam. Die anschließende, vielleicht von Lupitus übersetzte Gebrauchsanweisung stellte das Astrolab ostentativ als Stundenweiser, *horologium*, vor und verwendete das Verbum *computare*, sobald der Benutzer zur Ermittlung von Tagen und Stunden etwas zählen oder addieren sollte. Gemeint war vor allem das Umrechnen, und zwar von der scheinbaren Periode eines

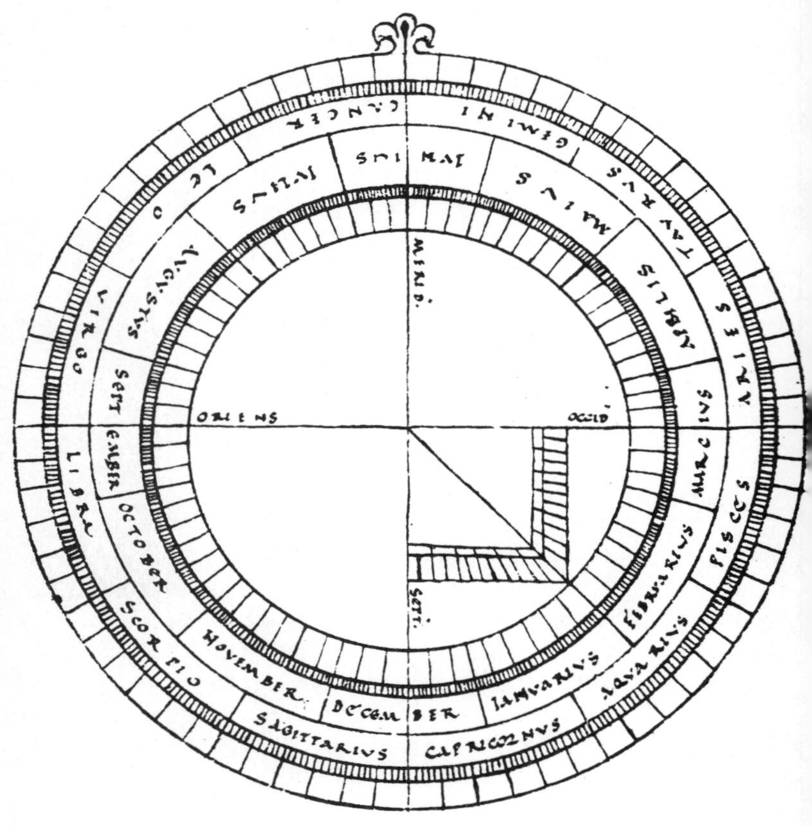

Astrolab-Rückseite, Zeichnung aus einer Sammelhandschrift, Fleury spätes 11. Jahrhundert, heute Vatikanische Bibliothek Rom. Außenskala für die Tierkreiszeichen mit 360 Grad, exzentrische Innenskala für den Jahreskalender mit 365 Strichen, ganz innen Schattenquadrat für geometrische Messungen.

Sonnentages mit 12 Temporalstunden, die dem großen Haufen vertraut war, in die wahre Himmelszeit der Fixsternsphäre mit 24 Äquinoktialstunden, die der gelehrte Beda erträumt hatte. Das Astrolab maß nicht allein die sichtbare Bewegung der Sonne und der Fixsterne mit Visiereinrichtung und Gradeinteilung nach; es rechnete auch beide Zeitmaße für jeden Standort aus, die Temporalstunden anhand von Kurven in der Einlegescheibe, die Äquinoktialstunden mit geraden Zeigern zur Gradeinteilung am Außenrand. So übersetzte es das empirisch Beobachtete schnell und genau in das rational Richtige. Darum stellte der Kreis um Lupitus den herrschenden Sprachgebrauch auf den Kopf und nannte die Temporalstunden erstmals verächtlich ›krumm‹ oder ›künstlich‹, die Äquinoktialstunden bewundernd ›gerade‹ oder ›natürlich‹. Wenn sich die früheste Anleitung bei der Umwandlung gehörig verrannte, half nur intensivere Übung; jüngere Folgeschriften nahmen alsbald die Verben *calculare* und *numerare* hinzu und vergaßen den Hinweis auf Festtage und Stundengebete. Sachkundige Arbeit an dem neuen Gerät förderte mehr den Ausbau eines naturkundlichen als den Umbau des gottesdienstlichen Zeichensystems[90].

Abbos Zeitgenosse Gerbert von Aurillac, der die Abhandlungen aus Spanien anforderte und auswertete, ging weiter bei der Trennung der Sphären, den Spuren des Aristoteles und des Boethius folgend, gegen Abbos philosophische Überhöhung von Tag und Stunde ankämpfend. In der unendlichen Bewegung von Himmel und Sonne paaren sich ewige Vernunft und reale Notwendigkeit; Zeit und Zahl jedoch sind in ihrer Möglichkeit unbestimmt und gewinnen erst durch eingrenzende Verwirklichung feste Gestalt, »wenn du Tag, Monat, Jahr oder dergleichen sagst«. In solchen kalendarischen Zeitspannen ist Vernunft hier und da möglich, nirgends zwingend zugegen; schwerlich vereinigen sich die geraden, aber abstrakten Zeiten des Himmels mit den krummen, aber konkreten auf Erden. Deshalb kümmerte sich Gerbert um spekulative Kosmologie so wenig wie um Prinzipien der Komputistik. Er wollte mit Arithmetik, Geometrie, Musik und Astronomie lediglich einzelne Naturphänomene spezialistisch erklären[91].

Dazu brauchte er Instrumente, außer Astrolab und Monochord den Abacus. Er verwendete ihn als Tafel mit Einer-, Zehner-, Hunderter-Spalten, in denen Rechensteine eingesetzt und verschoben wurden. Führte Gerbert mit diesen Steinen eine Multiplikation aus, so nannte er die Zahlen des Produkts nach dem Muster des Fingerrechnens *digiti*, Fingerzahlen, soweit sie die Zahlen von 1 bis 9 vertraten, und *articuli*, Gelenkzahlen, wenn sie darüber hinausgingen. In der europäischen Wissenschaftsgeschichte war der Abacus das erste Rechengerät, das ›digital‹ arbeitete, nämlich die Ergebnisse durch voneinander getrennte Zahlzeichen angab, ein Sinnbild für kluge Zergliederung inmitten plumper Verallgemeinerung. Es bahnte den Weg für eine ahistorische Rationalität, die von der Konsequenz des Geschriebenen zur Evidenz des Ablesbaren drängte und neben den ganzen Zahlen, *integri numeri*, die gebrochenen, *minutiati*, immer wichtiger nahm.

Wer dieses Rechenbrett benutzte, etwa um geometrische Lehrsätze nachzuprüfen, den nannte Gerbert *abacista*; aber ein *abacista* war kein *compotista*. An simpler Zeitrechnung mit ganzen Zahlen, für die Beda das Fingerrechnen gebraucht hatte, lag Gerbert nichts; er dachte indes auch nicht an Bruchteile, bei deren Einführung der Abacus hätte helfen können. Wenn er Zeit in Zahlen ausdrückte, dann in großen; 996 schrieb er an Otto III. elegant: *Extremus numerorum abbaci vestrum definiat.* Diese größte auf dem Abacus darzustellende Zahl, die das Leben des Kaisers begrenzen sollte, umfaßte 27 Stellen, jede um eine Zehnerpotenz größer als die vorige; bei dieser unvorstellbaren Wunschgröße verschlug es wenig, ob sie Jahre, Tage oder Stunden betraf. Wo es um konkretere Festlegungen ging, verzichtete Gerbert auf den Abacus wie auf das Astrolab und begnügte sich mit den alten Faustformeln für Temporalstunden. Um sie zu messen, schlug er 989 wie Abbo die Verwendung von Wasseruhren vor, mit deren Hilfe man Stundenlisten, *horologia*, aufstellen könne; doch notierte er lediglich volle Stunden und ging über das Sonnenjahr nicht hinaus. Das vor Augen Liegende zu messen wurde allmählich wichtig; aber das im Geist Geschaute zu berechnen, war noch immer etwas anderes und Dringlicheres[92]. Gerbert klammerte die Komputistik aus der Arithmetik noch aus; seine Nachfolger vereinnahmten sie für die Mathematik.

Ein Traktat ›Über den Nutzen des Astrolabs‹, vielleicht von einem Schüler Gerberts nach 989 geschrieben, sprach von *computare*, weil man Zahlen addieren mußte, um mit diesem Instrument Fixsterne zu orten. Nur nebenbei erwähnte er den Nutzen für kirchliche Dienste, vermied aber den Ausdruck *computus*. Auch *calculator*, Rechner, bezeichnete hier keinen Menschen wie noch bei Abbo, sondern die »kleine hervorstehende Spitze am Außenrand der Spinne, am Beginn des Tierkreiszeichens Capricornus, die bei Drehung der Spinne an der Gradeinteilung auf dem Außenring der Mutterscheibe entlangfährt und dort Gradwerte anzeigt«. Die älteren, aus Spanien gesandten Anleitungen hatten nur den arabischen Namen *al-murî*, Zeiger, gekannt und ihn *Almeri* buchstabiert. Die Vorrichtung half die Dauer der ungleichen Stunden zu bestimmen und sie in gleiche Stunden umzurechnen, ohne die von Gerbert vorgeschlagene Messung mit Wasseruhren: 360 Grad des Kreises = 24 Stunden; 1 Stunde = 15 Grad.

Dieses Ablesen wurde so beschrieben, als rechne der Zeiger selbst aus, *quotcunque partes infra suos limites computaverit*. Die neue Nomenklatur hielt eine grundlegende Erkenntnis folgenreich fest: Wenn ein Instrument richtig gebaut und eingestellt war, nahm seine analoge Anzeige, die verschiedene stufenlos veränderliche Größen aufeinander bezog, dem Menschen Gedächtnisleistung und Rechenarbeit ab; es rechnete nicht nur für ihn, sondern besser als er. Das Astrolab wurde zum frühesten ›analogen‹ Rechengerät der europäischen Wissenschaftsgeschichte, zum modernen Konkurrenten des Computus, zum Sinnbild für konzentrierten Vergleich inmitten feudaler Zersplitterung[93].

Astrolab und Abacus erweiterten den Rahmen der Mathematik und vertieften das Zusammenwirken ihrer Fächer Arithmetik, Geometrie und Astronomie. Zeitrechnung war einerseits nur noch einer von vielen Anwendungsfällen, wurde aber andererseits nicht der Sternkunde einverleibt, auch wenn dem Zeitrechner das Astrolab mehr half als der Abacus. Das begriff der Autor einer arithmetischen Abhandlung aus Würzburg, die sich nicht um Komputistik kümmerte und nur *abaciste* betraf. Trotzdem sprach er sie gegen 1030 als *compotiste* an, als könne dafür jeder gelten, der am Abacus schwitzte[94]. Um 1046 erörterte Franco von Lüttich die Quadratur des Kreises, bei der er geometrische mit arithmetischen Methoden verband, und benutzte *computare* schon selbstverständlich für die Arbeit der *calculatores* am Abacus. Komputistische Termini und

Methoden begannen sich aufzulösen und mit allgemein mathematischen zu vermengen[95].

Entgegengesetzte Einwände kamen aus konservativen Klöstern, St. Gallen zum Beispiel. Der dortige Mönch Notker der Deutsche schrieb um 1010 ›Über vier Fragen des Computus‹, um die Wißbegier eines Schülers abzuwehren. Der jüngere, wohl der nachmalige Geschichtsschreiber Ekkehard IV., wollte nicht nur ein *compotista* werden, sondern wie einst Helperich von Auxerre als *scrupulosus calculator* die Zeitspannen des Kalenders, vor allem den Mondzyklus, in Bruchteile von Stunden zerlegen; er witterte, daß im Gebrauch ganzer Zahlen die wichtigste Fehlerquelle der christlichen Zeitrechnung lag. Beda hatte davor gewarnt, das Universum rechnend zu zerkleinern; aber Notker sah sich schon genötigt, zur Verteidigung der komputistischen Faustformeln eindringlicher als Helperich den Augenschein zu beschwören: Nach dem sogenannten Mondsprung stehe der Mond am Himmel genau so, wie Beda errechnet habe. Ekkehard ließ sich anscheinend überzeugen und wurde zum Hagiographen und Historiker seiner Abtei, ohne die komputistischen Neigungen weiter zu pflegen oder sie gar mit dem Astrolab, das er gut kannte, noch zu vertiefen[96].

Gleichwohl sprach auch Notker die Fachtermini der Komputisten nicht mehr gläubig nach. Bei der Psalmenübersetzung vor 1020 fand er am Beginn des 93. Psalms die abstrakte Zählung *quarta sabbati*, für den vierten Wochentag. Er übersetzte anschaulicher *in míttauuechun*, in der Wochenmitte, um auf den sonntäglichen Wochenbeginn hinzuweisen und den heidnischen Gott Merkur zu verdrängen. Infolge von Notkers Entscheidung bezeichnen wir Deutschen diesen Wochentag nicht wie die meisten Europäer als Merkurstag, sondern als Mittwoch, obwohl er nach modernem Empfinden, für das die Woche montags anfängt, nicht mehr in der Mitte liegt[97]. So gedankenlos redete Notker nicht; er duldete keine Kluft zwischen rechnender Theorie und beobachtender Praxis, zwischen Gelehrsamkeit und Umgangssprache.

Die vorhandenen Gegensätze erst ergründen und dann überbrücken wollte Hermann der Lahme, Benediktiner der Reichenau. Sein Jugendwerk ›Musica‹ benannte um 1030 unerhört präzis die zwei Stützen jeglicher Wissenschaft, »den einmütigen Spruch aller und die unüberwindliche Wahrheit der Natur«. Beide enthüllten das gemeinsame Fundament von Zeitrechnung und Musiktheorie: Die sieben Töne kehren wieder wie die sieben Wochentage, in immer neuer Ordnung, dennoch immer dieselben. Aus Zahlen besteht die natürlich geordnete *structura* alles kunstvoll geformten Lebens. Freilich wußte Hermann, daß Melodien und Rhythmen nicht nur die Vernunft, auch die Leidenschaft ansprechen, und redete hier nicht mehr wie Aurelian von *compotus*[98].

Ebenso mied er den Fachausdruck in arithmetischen und astronomischen Studien, obwohl er Instrumente wie das Astrolab zur Zeitmessung nutzte und *horologia* nannte, auch die Bezeichnung *calculator* für den Zeiger des Astrolabs übernahm. Als Rechenmaschine konnte es Messungen ebensogut ausführen wie ersparen und dabei mithelfen, auch denen, die weder rechnen noch messen konnten, einen zuverlässigen Stundenweiser zu schenken. Hermann erfand ihn um 1050: die Säulchen-Sonnenuhr. Er stellte die während des Jahres wechselnden Sonnenhöhen auf der Insel Reichenau in einem Arbeitsgang am Astrolab tabellarisch zusammen, wandelte ihre Gradzahlen mit einer geometrischen (fast schon trigonometrischen) Figur in proportionale Teilstrecken um, übertrug diese auf senkrechte Halbmonatslinien an einem kleinen Zylinder, zog die unteren Endpunkte zu Kurven aus, die dasselbe leisteten wie die Stundenkurven des Astrolabs, und montierte oben am Zylinder ein drehbares waagrechtes Schattenstäbchen. Man stellte es auf die derzeitige Halbmonatslinie ein, richtete es nach der Sonne und las am Treffpunkt von Schatten und Kurve die Tagesstunde ab. Die Säulchen-Sonnenuhr war billiger herzustellen, einfacher zu bedienen, leichter mitzunehmen als ein kompliziertes Astrolab und zeigte trotzdem in ihrem kleinen Geltungsbereich die Zeit genauer an als jede herkömmliche Sonnen- oder Wasseruhr. Als ›Hirtenuhr‹ tat sie all denen vorzügliche Dienste, die in einer überschaubaren Landschaft lebten und deren Arbeitszeit vom Sonnenstand abhing[99]. Das war Zeitbestimmung für Laien; Komputistik aber war Zeitrechnung für Gelehrte, sonst nichts.

Mit ihrer Hilfe verbesserte Hermann in den frühen 1040er Jah-

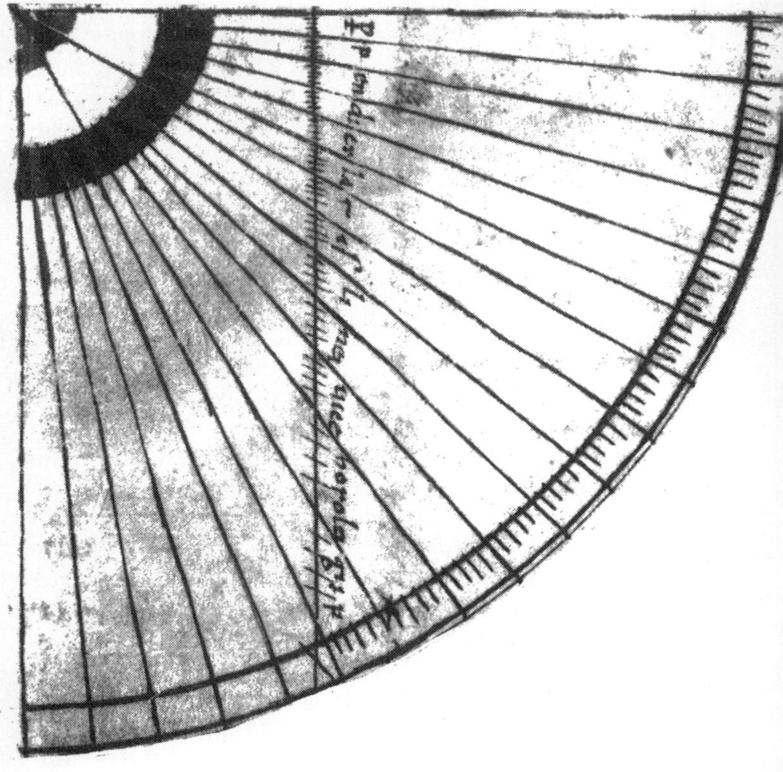

Konstruktionszeichnung Hermanns des Lahmen für eine Säulchen-Sonnenuhr, aus einer Bamberger Sammelhandschrift um 1100, heute Landesbibliothek Karlsruhe. Strahlenförmig eingezeichnet die Sonnenhöhe (Maximum 66 Grad, höchster Reichenauer Sonnenstand), linke Senkrechte Länge des Zylinders, zwischen ihr und mittlerer Senkrechte Länge des Schattenstabs, auf der mittleren Senkrechte (perpendicularis linea) bis zu den Gradstrichen der Sonnenhöhe die Schattenlängen für die Monatslinien am Säulchenschaft.

ren das Martyrologium Notkers des Stammlers, errechnete das Fest des ältesten Heiligen in seiner Abtei, den Markustag, neu und korrigierte anhand historischer Hinweise die Lebensdaten des aktu-

»Hirtenuhr« Säulchen-Sonnenuhr aus Messing, Höhe 6 Zentimeter. Deutsche Replik eines nordfranzösischen Originals aus dem 17. Jahrhundert, heute Kunstgewerbemuseum Berlin. Auf dem Zylinder von oben nach unten die Stundenkurven für vormittags (5 bis 12), von unten nach oben für nachmittags (12 bis 19), von links nach rechts die Monatsgeraden.

ellsten Heiligen, Ulrichs von Augsburg[100]. Liturgische Gewohnheit war nicht dasselbe wie historische Wahrheit, Abbo hatte recht. Aber auch komputistische Berechnung war nicht dasselbe wie natürliche Wahrheit. In seinem ›Compotus‹ fragte Hermann 1042, »woher denn der Irrtum kommt, daß das wirkliche Mondalter so oft mit unserer Rechnung, *compotus*, und den Regeln der Alten nicht übereinstimmt, und warum der Mond, wie Herr Beda selbst zugibt und unser Augenschein bestätigt, meistens einen Tag, manchmal zwei Tage vor dem errechneten Termin schon recht füllig am Himmel erscheint«. Die ernüchternde Antwort lautete: Wer der natürlichen Wahrheit nahekommen wollte, mußte gründlicher beobachten und genauer rechnen als Beda, am Abacus auf minimale Bruchzahlen, am Astrolab auf winzige Gradabweichungen achten.

Der *compotista* war in erster Linie *computator* und *calculator*, er suchte keine Faustformeln für die vielen Trägen und Vergeßlichen, sondern die von allen Sachkennern geprüfte *naturalis calculatio*. Hermann rechnete sie durch, in Tabellen, die weniger wie Figurengedichte, mehr wie Logarithmentafeln aussahen[101]. Als er 1048 seine Chronik begann, prüfte er die Tausendjahresreihe anhand der neuen Tabellen nach. Er begriff, daß es auch in der Menschenzeit wie in der Naturzeit auf die bisher vernachlässigten Bruchteile ankam, Atome und *momenta*. Derselbe Augenblick, den die präzisen Umläufe der Gestirne einhielten, bewirkte die rapiden Umschwünge menschlichen Schicksals. Die Chronik verzeichnete auch die historischen Hauptstationen, denen die Zeitrechnung ihre Entwicklung verdankte; der *compotus* hatte eine Historie, weil irrende Menschen ihn machten. Nachdem Hermann die Behauptungen Bedas und Notkers des Deutschen wiederholt korrigiert hatte und immer noch Unstimmigkeiten entdeckte, ahnte er am Lebensende, daß das altehrwürdige System christlicher Zeitrechnung auf irrigen Grundannahmen beruhte. Er bemerkte es, weil er als erster seit Cassiodor den *experimenta* der Zeitmessung mehr vertraute als den *rationes* der Komputistik. Wenn es ihm die Kundigen, auf das Astrolab gestützt, nachtun würden, könnten sie sich künftig wohl auf einen naturgetreueren Computus einigen[102].

Damit war indes so rasch nicht zu rechnen. Hermann der Lahme beherrschte als letzter das ganze Fächerspektrum zwischen Computus, Martyrolog und Chronik. Schon bevor er 1054 starb, war das Band zerschnitten, das seit der Karolingerzeit die drei Gattungen zusammengehalten hatte. Aufschlußreich ist das Gebaren des Priestermönchs Adalbert von Benediktbeuern, der 1047 ein Totenbuch für seine Abtei anlegte. Er nannte es *istum computum*, denn es war wie die alten Martyrologien nach Tagen des Kirchenjahres geordnet und von komputistischen Tafeln begleitet. Dennoch beging Adalbert die liturgische Feier nicht mehr mit frommer Ehrfurcht wie Beda. Zwischen Gedenktage für Verstorbene schrieb er das Datum seiner eigenen Weihe, den 13. März 1047, als wäre das Martyrolog ein Notizkalender[103]. Die Zeit Gottes und der Heiligen stimmte, wie die Geschichte des Computus selber erwies, nicht zur Zeit der Menschen und Völker. Lebten dann Kirche und Welt überhaupt in der gleichen Zeit?

Geschenkte und genutzte Frist im 11. und 12. Jahrhundert

Gregorianische Kirchenreform und Kreuzzugsbewegung beschleunigten im späten 11. Jahrhundert die Rationalisierung europäischen Lebens, denn sie führten die getrennten Nationen zusammen. Doch die Reformer empfanden als entscheidende Zeit der Kirchengeschichte die Gegenwart ihres Wirkens und achteten kaum mehr auf Historie oder gar Komputistik. Auch historische Martyrologien waren veraltet, denn die religiöse Erneuerung veränderte das Heiligenbild. Die Päpste behielten sich kraft religiöser Autorität die Eintragung neuer Namen in den Heiligenkalender vor, und für ältere Zeiten genügte Usuards Handbuch ohne antiquarische Tüftelei.

Daß Zeit und Zahl tiefer als in die Heilsgeschichte in das Alltagsgeschehen eingriffen, glaubten vor allem Franzosen, Landsleute Gerberts von Aurillac. Weil sie keine Zusammenfassungen karolingischen Zuschnitts mehr anstrebten, entließen sie deren Hilfsdisziplinen in die Selbständigkeit. Magister Gerland von Besançon behandelte zwischen 1081 und 1093 als letzter sowohl den Abacus wie den Computus, jedoch ohne nach übergreifenden Fernzielen zu fragen. Als aktuellstes Fach empfand er die Kunst der *abacistae*, denn sie betraf Probleme des täglichen Wirtschaftens (»Wie verteilt man 100 Mark auf 11 Kaufleute?«) und rechnete schon mit den neuen indischen Ziffern und ihren arabischen Namen. Daß man sie auch für die Zeitrechnung nutzen konnte, übersah Gerland. An seinen ›Computus‹ schloß er einen neuartigen Mondzykluskalender an, denn bei Licht besehen waren auch Komputisten bloß *calculatores*, die zum Beispiel die Konstellation einer 1093 vorgefallenen Sonnenfinsternis untersuchten[104].

Der reformfreudige und hochgebildete Geistliche Odo von Tournai schrieb um 1090 ›Regeln für den Abacus‹, die den Bildungswert der Arithmetik für alle Wissenschaften unterstrichen. Das klang nun anders als bei Cassiodor und Agius. Ohne Zahlentheorie begreife kein *abacista* die Rechenregeln, *calculationis id est computi argumenta*. Hier wurde der Computus bereits ganz der neuen Arithmetik zugeschlagen, die wieder mit indischen Ziffern und arabischen Namen daherkam[105]. Wie sich die Zahl von der Zeit löste, so die Theologie von der Historie. Als Honorius Augustodunensis um 1100 im ›Elucidarium‹ die Glaubenswahrheiten allgemeinverständlich darstellte, fragte er nicht nach dem Jahr der Weltschöpfung, sondern nach der Zeitspanne, die Gott für sie brauchte, und antwortete: »Einen Augenblick«. Der Satan war »keine ganze Stunde« im Himmel, Adam »sieben Stunden, nicht länger« im Paradies. Nicht in welchem Jahr Christus geboren wurde, bedachte Honorius, sondern daß es um Mitternacht geschah, wie das Jüngste Gericht, dessen Jahresdatum ihn kalt ließ. Daß Christus 40 Stunden lang tot lag, regte nicht zur Osterberechnung an, sondern zu mystischer Multiplikation: Jesus tat es, »um die vier Viertel der Welt, die in den zehn Geboten des Gesetzes erstorben waren, lebendig zu machen«. Die Zeit, das war im Kern der einmalige kalendarische Augenblick, nicht die liturgische Dauer, nicht der kosmische Umlauf. Schon begannen die Tätigen über Zeitmangel zu klagen. Die Zahl aber diente der Allegorese, als vordergründiges Zeichen für das Unsagbare, das uns Menschen zeitlos umfängt[106].

Auf solche Symbolzahlen beschränkte die augustinische Geschichtstheologie, deren einflußreichster Wortführer der Deutsche Hugo von Saint-Victor in Paris wurde, den Zeitenvergleich. Hugo zog 1130 großflächige Analogien zwischen den sechs Weltaltern und den sechs Lebensaltern. Das Zahlengerüst dafür übernahm er von Beda; zu dessen Berechnung kürzerer Fristen ließ er sich nicht herab. Er war hinausgewachsen über die mathematischen Interessen seiner Schulzeit, die vielleicht Odo von Tournai geweckt hatte, und benutzte auch das Astrolab lieber zur Erdvermessung als zur Zeitbestimmung. Wenn Hugo vom *compotus* sprach, meinte er nur noch eine kindliche Vorübung für geistliche Studien, die Zählung der 150 Psalmen, die Schüler auswendig lernen sollten, um sie nicht jedesmal im Buch nachschlagen zu müssen. Schulung des Zahlengedächtnisses war zur Zeitrechnung wie zur Zeitersparnis nützlich, aber nur als Mittel zu subtileren Zwecken. Hugo schätzte das Lesen und Schreiben als Inbegriff höherer Bildung, ja er deutete die gesamte Erscheinungswelt als von Gott geschriebenes Buch. Lediglich geistliche Meditation vermochte seine Zeichen zu entziffern[107].

Da man seit dem 11. Jahrhundert auch Tonhöhen mit den sieben Buchstaben von a bis g wiedergab, lehrte Guido von Eu, Reformator des zisterziensischen Choralgesangs, in seinem Musiktraktat um 1140, daß der Ton b, nicht das Vorzeichen b, in den *naturalis compotus litterarum* passe. Guido erläuterte *compotus* mit *dispositio*, meinte also die gängige Reihenfolge der Buchstaben im Alphabet, obwohl sie weder wie bei Abbo in Tabellen für Zeitrechnung eingingen noch die Zeitdauer der Töne unterschieden[108]. Die Buchmetapher schlug bis in die Nomenklatur des Spezialschrifttums durch; doch die noch von Hermann dem Lahmen betonte, hörbare Gemeinsamkeit von Zeitrechnung und Kirchenmusik machte neuen Spezialisierungen Platz. Sie überführten die einst von Klosterreformern begonnene geistliche Rationalisierung in den Alltag der Laien.

In germanischen Ländern lösten sich Zeitverständnis und Zahlenkunde langsamer aus der frommen Verquickung mit Gottesdienst und Sternbetrachtung. Im deutschen Reich verstanden sich Geschichtsschreiber noch für ein halbes Jahrhundert nach Hermann als Zeitrechner. So der irische Inkluse Marianus Scottus, der in Mainz eine bis 1076 reichende Chronik schrieb. Sie schloß seine Autobiographie ein, kreiste aber zugleich um die strittig gewordene Datierung von Christi Passion und verweigerte Dionysius den Ehrentitel *compotator*, mit dem sie Beda auszeichnete[109]. Der Weltpriester Bernold von Konstanz setzte die Chronik Hermanns des Lahmen fort und eröffnete sie 1074 mit komputistischen Regeln sowie der Rühmung des Vorgängers als *compotista*; dieselbe Findigkeit war gemeint, wenn er Hermann 1093 als *calculator* pries. Außerdem stellte Bernold zwischen 1074 und 1096 einen Kalender zusammen, der gleichermaßen martyrologische, komputistische und historiographische Einträge aufnahm[110]. Um 1100 verschrieb sich in Bamberg eine ganze Gruppe von mönchischen und weltgeistlichen Gelehrten, um Frutolf von Michelsberg versammelt, eingehenden Studien zur Musiktheorie, Chronistik und Komputistik; mit Vorliebe bezeichneten sie sich als *compotistae*. In Frutolfs eigener Chronik spielten allerdings komputistische Notizen nur noch eine Nebenrolle bei der Darstellung langhinschwingender Vergangenheiten und aufgeregter Gegenwart[111].

Die lange Frist der Komputisten war auch hier abgelaufen. In einer süddeutschen Abtei versteckte sich, vermutlich vor 1100, ein Anonymus, der über Weltall und Seele schrieb, zwar noch hinter Bedas Namen, er trennte aber schon beinahe wie Platon *compotiste*, die bloß herumrechneten, von *philosophi*, welche die Natur und die Wahrheit der Dinge erforschten[112]. Ähnlich dachte der benediktinische Autor der ›Gesta Treverorum‹ um 1100, wenn er einem jüdischen Arzt namens Josua zwei Ruhmestitel verlieh: hochgebildet in der Naturwissenschaft, *phisica ars*, und ausgezeichnet als Zeitrechner, *compotista*. Die Übereinstimmung beider Fächer verstand sich auch in Trier nicht mehr von selbst[113].

Der Benediktiner Sigebert von Gembloux beklagte in seiner Chronik seit den 1080er Jahren, daß Dionysius Exiguus die *ratio compoti* verfehlt und die Jahre nach Christi Geburt falsch berechnet habe. Sigeberts ›Liber decennalis‹ untersuchte 1092 die Hauptprobleme der Zeitrechnung gesondert, schon nicht mehr unter dem Titel ›Computus‹. Er rügte die Fehler der Alten, schloß aber resigniert, die eingewurzelten Irrtümer des Dionysius überlebten sogar die wahrsten Gegenbeweise der *moderni*, auch des modernsten *cronographus* Marianus Scottus, und noch die schlüssigsten Argumente des *compotus* seien »mehr von menschlichem Scharfsinn ausgedacht als aus natürlicher Wahrheit erwiesen«. Während sich die Komputisten um Mutmaßungen stritten, entschwand die natürliche Sternenbewegung im Nebel, mit ihr Gottes unermeßliche Zeitenordnung[114].

Inzwischen zogen auch in Deutschland kurzfristigere Bestrebungen den Namen *computus* an sich. Magister Adam von Bremen, in

Bamberg zur Schule gegangen, unterschied während der 1070er Jahre in seiner ›Hamburgischen Kirchengeschichte‹ zwischen Aufzeichnung des Vergangenen und Prognose des Ergehens. Wenn Ärzte und Gaukler einem Patienten langes Leben voraussagten, hieß das für Adam *calculare*. Wenn er aber in den Corveyer Annalen die Kalenderdaten der Bremer Erzbischöfe aus den letzten zwei Jahrhunderten aufspürte, zitierte er das Werk als *compotus*[115]. Damit meinte er also weder eine Chronik noch eine Anleitung zur Osterberechnung, immerhin noch ein Geschichtsbuch, das nach Jahreszahlen gegliedert war.

Der in Regensburg ausgebildete Klosterreformer Wilhelm von Hirsau ließ die Historie auf sich beruhen. Er wußte die astronomische Langzeit nach der Anleitung Hermanns des Lahmen mit dem Astrolab zu bestimmen; Bernold von Konstanz rief ihm 1091 sogar nach, Wilhelm habe selbst ein *naturale horologium* nach dem Vorbild des Himmelsraumes ausgedacht und viele Probleme des *compotus* gelöst. In seiner Abtei Hirsau überließ er wie Abbo in Fleury um 1077 auch die liturgische Tages- und Nachtzeit, vor allem den Zeitpunkt des Weckens, nicht mehr dem ersten Hahnenschrei, sondern befahl ihn mit Wasseruhren, bei deren Versagen mit Kerzen und Sternbeobachtung genau festzustellen und auszuläuten. Als Computus war diese Kurzzeitmessung nicht einzustufen, zumal sie sich nicht in Büchern niederschlug. Doch wenn Wilhelm dem Kornmeister des Klosters genaue Buchführung über den jährlichen Ernteertrag vorschrieb, hieß sie in einer Variante *computus*[116]. Das Wort nahm den Beiklang von Meßbarkeit, Normierung und Schriftlichkeit an. Eine zu Beginn des 12. Jahrhunderts angelegte Handschrift aus Regensburg, die auch Werke Hermanns des Lahmen enthielt, verdeutschte in einer Wortliste *compotus* schlichtweg mit *zalpôh*. Da meinte das Wort kein Buch über Zeit, bloß ein Buch voller Zahlen[117].

Engländer modelten den Computus noch entschiedener um. Die normannischen Könige hatten schon 1086 bei der Anlage des ›Domesday Book‹ ein Bündnis mit der angewandten Arithmetik geschlossen. Wilhelm von Malmesbury, der seit 1120 das Geschichtswerk Bedas fortsetzte, kannte als Benediktiner noch die astronomische Bedeutung des Wortes *compotus* und sträubte sich gegen theoretische Neuerungen, die wie das Astrolab doch nur zu astrologischem Unfug anstiften konnten. Aber zum Jahr 867 der Fleischwerdung des Herrn erzählte er von einem Gefecht gegen Wikinger, bei dem der angelsächsische König fiel, und registrierte den Blutzoll seiner Landsleute wie folgt: »neun Grafen, ein König, außerdem Volk ohne Zahl, *populus sine computo*«[118]. Wenn man Menschenverluste im Krieg genauer als bisher quantifizierte, dann Geldeinnahmen im Frieden erst recht. Das um 1130 redigierte Gesetzbuch des angelsächsischen Königs Edward des Bekenners sicherte der Stadt London den ständigen Sitz königlicher Berufungsinstanzen zu, unter anderem für *ardua compota*, strittige Zahlungen an die Krone[119]. König Heinrich I. überließ den Londoner Bürgern wohl 1131 zwei einträgliche Verwaltungsämter gegen Entrichtung von 300 Pfund *ad compotum*, also gegen rechnerischen Nachweis vor der königlichen Finanzbehörde, dem Exchequer[120].

Schatzmeister Richard von Ely beschrieb um 1178 die Arbeitsweise dieser Londoner Behörde und führte nicht nur den *calculator* vor, der im oberen Exchequer die Summen altmodisch am Abacus verrechnete, sondern auch vier *computatores*, die im unteren Exchequer das eingehende Bargeld zählten. Die jährlichen Schlußabrechnungen, die Pipe Rolls, hießen bei Richard *magni annales compotorum rotuli*. Finanzbuchhaltung wurde zur eigentlichen Geschichtsschreibung der Gegenwart[121]. Der Computus schickte sich an, von der theoretischen, alle Schwankungen übergreifenden Klärung der Zeitbegriffe abzulassen und in der momentanen Rechenpraxis aufzugehen. Würde das neue Geldwesen, mit dem Zins für Darlehen und der Laufzeit von Wechseln, den bislang geistlichen und qualitativen Zusammenhang zwischen Zeit und Zahl ganz ins Stoffliche und Quantitative verlagern?

Zerlegte und vereinbarte Termine im 12. und 13. Jahrhundert

Vom Zahlenrausch ließ sich das 12. Jahrhundert nicht überwältigen. Das Zeitalter der Frühscholastik entschied über das weitere Schicksal des Computus durch theoretische Zerlegung der Zeit. Die neue Geldwirtschaft erregte Anstoß, jedoch weniger weil sie auf Quantität ausging; Könige und Bischöfe, Adlige und Bauern verhielten sich ähnlich. Die Provokation kam vielmehr daher, daß städtische Geldhändler die Gottesgabe der Zeit, die keinem Menschen gehörte, für sich arbeiten ließen. Fast dasselbe taten Lehrer, die das ihnen geschenkte Wissen, statt es im Binnenraum der Kirche um Gottes Lohn weiterzugeben, auf dem städtischen Markt verkauften[122]. Wenn aufsteigende Gruppen von Städtern für augenblickliche Zwecke Langzeit vereinnahmten, mußte neu geprüft werden, welche Teile dieser Zeit ihnen rechtens gehörten.

Darüber schrieb der Philosoph Peter Abaelard in Paris um 1140 in seinem Hauptwerk ›Dialectica‹. Seine Sprachanalyse ging nicht vom geschriebenen Buchstaben, sondern vom gesprochenen Wort aus und hielt sich im Gegensatz zu Augustin an die grammatische Dreiteilung der Tempora Vergangenheit, Gegenwart und Zukunft. Abaelard erklärte sie für reines Menschenwerk und unterschied von dieser Redezeit die Naturzeit. Nur in ihr gehören nach Aristoteles Zeit und Zahl der Kategorie Quantität an; sie besteht aus lauter kurzen Augenblicken, *instantia* oder *indivisibilia momenta*. Erst wir Menschen setzen diese Momente sprachlich zusammen, wenn wir unsere Taten und Leiden überschauen wollen. Zwar nennen wir eine Aktion oder Passion ›stündlich‹, ›täglich‹, ›monatlich‹, ›jährlich‹, analog zum Sternenlauf, aber im Grund ordnet Menschenzeit keine religiösen oder natürlichen, lediglich personale oder soziale Beziehungen. Sie ist weder arithmetisch aufzugliedern noch komputistisch zusammenzufassen, doch sie gehört uns ebenso wie unsere körperliche und geistige Arbeit[123].

Abaelard gebrauchte die Ausdrücke *computare* und *computatio* bloß, wenn er erwog, welcher logischen Kategorie er einen Begriff zuordnen sollte[124]. Das war metaphorisch gesprochen; an sich berührte seine Sprachlogik die Naturkunde nirgends. »Denn mehr als die Natur vermag die Philosophie.« Abaelard verstand nach eigener Aussage wenig von Arithmetik, schob die Astronomie als *mathematica* zur Astrologie ab, erwähnte die Geometrie nur nebenbei und die Musik gar nicht[125]. Die alten Zahlenwissenschaften, mit ihnen die komputistischen Studien, gerieten an den Rand der scholastischen Hermeneutik und ihrer Pflanzstätte, der Universität mit ihrer theologischen, juristischen, medizinischen, philosophischen Fakultät. Abaelard selbst gestand, daß deren Magister nicht anders als die Wucherer kalkulierten und von ihren Studenten für zeitlich befristeten Unterricht Kolleggeld kassierten. Wenn Zahlen bloß noch banale Zahlungen verbuchten, lohnten sie für den Gelehrten keine weitere Aufmerksamkeit, am wenigsten dort, wo er über seine Zeit Rechenschaft gab[126].

Die Geschichtsschreibung schwenkte auf Abaelards Linie ein. Die beiden hervorragendsten Historiker des 12. Jahrhunderts, der Deutsche Otto von Freising und der Engländer Johannes von Salisbury, verstanden sich als literarische Zeitschreiber, *cronographi* oder *cronici scriptores*, nicht mehr als komputistische Zeitrechner. Sie verbeugten sich zwar vor Beda und achteten auf die Jahresreihe, *annorum supputatio* und *series temporum*, umgingen aber Streitfragen der Zeitrechnung ebenso wie das Wort *computus*. Ohne sich auf exakte Daten und Zahlen festzulegen, beschrieben sie ein momentanes Fluktuieren von Taten und Leiden, eingespannt zwischen unbewältigte Vergangenheit und undurchsichtige Zukunft, keine Aufeinanderfolge ebenso wiederkehrender wie fortschreitender Jahre. Ihre Zeitgenossen begannen Historiographie selbst als wandelbare, geschichtliche Erscheinung zu begreifen, nicht als Bezeugung des Immergültigen[127]. Fortan hören wir von keinem großen Geschichtsschreiber Europas mehr, daß sein Herz an komputistischen Studien hing[128].

Die Verdrängung von Mathematik und Naturwissenschaft aus dem Kernbereich lateinischer Bildung hatte zwiespältige Folgen. Was geheiligte Tage und Zahlen an Gewicht einbüßten, gewannen vereinbarte Termine und Kalküle. Sie verkündeten nicht die Wirklichkeit Gottes, sondern knüpften Beziehungen zwischen Menschen. Das kanonische Recht des 12. Jahrhunderts, auf die Führungsrolle des Papsttums eingeschworen, erneuerte zwar die karolingische Forderung, daß jeder Priester den *computus* beherrschen müsse; Gratian nahm sie um 1140 in sein ›Decretum‹ auf, weil Geistliche vielseitig gebildet sein sollten. Da er aber die Arithmetik ebenso wie Geometrie und Musik nur als Feld begrenzter Einsicht, nicht der Frömmigkeit überhaupt anerkannte, war bloß Kenntnis der geltenden kalendarischen Vorschriften verlangt[129].

Damit kam die Komputistik in die Obhut der Juristen. Wer weiterrechnete, geriet leicht in die Nähe der Ketzerei, auch deshalb, weil man jetzt nach heidnischen Methoden zu rechnen anfing; das Zeitalter der Kreuzzüge übernahm sie widerwillig von den islamischen Gegnern[130]. Wer sich nicht abschrecken ließ, war freilich auch von der Last globaler Sinnstiftung entbunden, die nun den Universitäten oblag. Zudem überwand er die Schwerfälligkeit der römischen Zahlen, des Abacus und der Rechensteine. Überdies befreite ihn das babylonisch-hellenistisch-arabische Sexagesimalsystem der endlos teilbaren Minuten, Sekunden, Tertien von der Alleinherrschaft natürlicher, allenfalls rationaler Zahlen, die seit der lateinischen Spätantike den Kalender beengte.

Seit dem späten 12. Jahrhundert erlebte die Zeitrechnung einen unerwarteten Aufschwung, den die moderne Forschung noch kaum zur Kenntnis genommen hat, der aber erhebliche Konsequenzen nach sich zog. Mit der islamischen Schreib- und Rechenweise hatten *abacistae* schon im späten 11. Jahrhundert theoretisch gespielt; von der Zahlentheorie aus drang die neue Rechenpraxis des Dezimalsystems, der nach al-Chwârizmîs Rechenbuch benannte Algorismus, früher in die gelehrte Komputistik ein als in königliche Finanzpolitik und bürgerliche Geldwirtschaft. Einen

Anfang machte 1143 in Süddeutschland der an sich herkömmliche ›Salzburger Computus‹, dem eine unbeholfene Einführung in den Algorismus voranging. Ohne die neuen Möglichkeiten arithmetisch zu erproben, stellte der Anonymus das Verfahren der Zeitrechnung auf indische Ziffern um, während sich Geschichtsschreiber und Geschäftsleute noch zwei Jahrhunderte lang mit den sperrigen römischen Zahlen abmühten[131].

Voll genutzt wurden die Chancen des Dezimalsystems 1171 von dem Paderborner Domdekan Reiner in seinem ›Compotus emendatus‹, einer ebenso bewegenden wie vergessenen Glanzleistung mittelalterlicher Wissenschaft. Der Titel setzte schon ein Signal: Fortan mußten Komputisten nicht mehr die ewig gültige Zeitenordnung verkünden, sondern die fehlerhaft gewordene ständig verbessern. Mit indischen Ziffern ermittelte Reiner rascher als Hermann der Lahme, von dessen Berechnung des Mondmonats er ausging, die entscheidenden Bruchteile und bewies, daß die *antiqua computatio* des Dionysius Exiguus für Sonnen- und Mondjahr Fehler enthielt, die sich in je 315 Jahren zu einem Tag summierten. Die Folgerung streifte an Häresie: Um die Daten Christi zu treffen, müsse man den zu Lebzeiten Jesu gültigen Kalender benutzen; das aber sei der altjüdische gewesen, weder der spätere römische noch gar der jetzige christliche. Zeit wurde nun auch von Komputisten wie zuvor von Geschichtsschreibern historisch relativiert.

Kaum erbaulicher klang das astronomische Argument, mit dem sich Reiner aus der Schlinge zog. Alle Zeitrechnung, auch die jüdische, gestatte bloß Näherungswerte, die »vielfache Schwankung des Mondlaufs« hindere sogar den *studiosus compotista* an exakter Datierung. Der jüdische Kalender, durch Moses sanktioniert und somit der älteste der Welt, funktioniere inzwischen 4930 Jahre fehlerfrei; dennoch stimmten seine Vorgaben nicht zu den Bedingungen bei Erschaffung der Welt. Diese ungeheuerliche Entdeckung traf nicht mehr Dionysius allein, sondern Beda und sämtliche Weltchronisten seitdem: War die Welt älter als alle Kalender? Reiner überließ die Antwort den Lesern; seine Frage wurde erst vierhundert Jahre später von Scaliger wieder aufgegriffen.

Jedenfalls gewährte der *compotus* keinen Einblick in Gottes Weltbau mehr, er war nur noch »die Wissenschaft, mit der man findet, an welchen Tagen die jährlichen Feste wiederkehren«. Um wenigstens die gröbsten Unstimmigkeiten der dionysianischen Zyklen auszuräumen, unternahm der Westfale als erster eine pragmatische Verbesserung des Kirchenkalenders, indem er Kreuzigung und Auferstehung Christi anhand des jüdischen Mondkalenders neu berechnete. Wie er wußte, »geschieht es nicht leicht, daß die Kirche verwirft, was sie lang festgehalten hat«. Ob sie beim Computus über ihren Schatten sprang, davon hing nicht die Wahrheit der christlichen Religion ab, immerhin ihr lädiertes Ansehen gegenüber der mosaischen und mohammedanischen Kultur, ihre Wissenschaftlichkeit[132].

Wenn sich die kosmische, wiederkehrende Naturzeit den Menschen entzog, konnten sie wenigstens ihre historischen, einmaligen Sozialzeiten aufeinander abstimmen. Dabei richteten sie sich im Zeichen der ›Renaissance des 12. Jahrhunderts‹ lieber nach antiken Philosophen als nach biblischen Patriarchen. Ein englischer Magister namens Gregorius erblickte bei einem Rombesuch um 1200 die beiden Dioskuren vom Quirinal, neben ihnen Marmorpferde von wunderbarer Größe und Schönheit. Gemeinhin erklärte die römische Tradition die nackten Männer für bedürfnislose Philosophen, ihre Rosse für Sinnbilder politischer Macht, die vom Geist gebändigt werde. Dem Engländer aber erzählte man, es seien Denkmäler für frühere, wohl antike *compotistae*, und sie würden von Pferden begleitet, denn wie diese seien Zeitrechner von schnellem Geist. Was immer der listige Fremdenführer dachte, der biedere Tourist verstand von antiker Zeitbestimmung so wenig, daß er den vatikanischen Obelisken nicht mehr als Sonnenuhr erkannte und die Kugel auf der Spitze für Caesars Grab hielt. Es erinnerte ihn bloß an Anmaßung und Vergänglichkeit irdischer Macht, und dieser Trost half dem kleinen Mann besser als das Erlernen von Zeitrechnung und Zeitmessung[133].

Ob sich der geistige Aufwand lohne, bezweifelte der Normanne Alexander von Villedieu, der um 1200 eine ›Massa compoti‹ zusammentrug. Er siedelte die Zeitrechnung in der Enzyklopädie irgendwo zwischen den Satzungsfächern Grammatik und Kirchenrecht an; als Mathematiker beherrschte er auch die neuen Rechenmethoden der Araber und lehrte sie in einem eigenen ›Algorismus‹. Aber Querverbindungen zwischen *ars calculatoria* und *compotus* zog er nicht mehr wie Helperich von Auxerre. Er kleidete nur handlich in rund fünfhundert Verse, was Geistliche über Zeitrechnung wissen sollten und nicht mehr wußten. Sie konnten die Regeln seines immerwährenden Kalenders auswendig lernen und mechanisch anwenden, ohne viel rechnen oder fragen zu müssen. Besonders hilfreich waren die Goldenen Zahlen von 1 bis 19, die den neunzehnjährigen Mondzyklus spiegelten und, reihum jedem Kalenderjahr zugesellt, dessen Ostertag festlegten; angeblich hatte Caesar selbst sie erfunden. Als hätte er Christi Auferstehung angemessen feiern wollen ...

Alexander führte eine scholastische Aufteilung der Zeitrechnung ein, die der spätkarolingischen Unterscheidung zwischen ›großem‹ und ›kleinem‹ Computus entsprach, Reiners Reformforderung unterlief und jahrhundertelang nachgesprochen wurde. »*Compotus* ist die Wissenschaft von der sicheren und vernünftigen Unterscheidung der Zeit. Sie heißt *compotus* von *computare*, nicht weil sie rechnen lehrt, sondern weil man sie rechnend lernt. Man beachte, daß sie aus zwei Teilen besteht, dem philosophischen *compotus* und dem vulgären oder kirchlichen. Der philosophische ist die unfehlbare Wissenschaft von der Zeiteinteilung, *scientia temporis discretiva infallibilis*, und geht uns nichts an. Der vulgäre oder kirchliche *compotus* ist die Wissenschaft von der Zeiteinteilung nach dem Brauch der Kirche, *scientia temporis discretiva secundum usum ecclesiae*, und von diesem *compotus* wollen wir reden«[134]. Alexander mochte den Titel von Abbos ›Computus vulgaris‹ noch im Ohr haben; aber bei ihm besagten dieselben Worte das Entgegengesetzte. Nachdem Zeit nicht mehr Gottes ewige Wahrheit kundgab, taten Kleriker gut daran, gefährliche Kalkulationen zu meiden und sich an das Gebräuchliche zu halten; es war für den Alltag ja wohl am brauchbarsten.

Im 13. Jahrhundert blieb es umstritten, ob die vereinbarte Sozialzeit mit der errechneten Physikzeit in Einklang gebracht werden müsse und könne. Der Pariser Universitätslehrer Johannes von Sacrobosco entschied sich 1232–35 in seinem ›Computus ecclesiasticus‹ wie Alexander von Villedieu, dessen Verse er fleißig zitierte und zu dessen Ansicht sich schon der Buchtitel bekannte. Johannes, der auch vielbenutzte Lehrbücher zur Himmelskunde und zur Arithmetik schrieb, schirmte das Fach Zeitrechnung allerdings zunächst energischer als Alexander gegen die Allgemeinbildung ab und bestimmte es als Spezialgebiet der Astronomie: »*Computus* ist die Wissenschaft, welche die Zeiten nach den Bewegungen von Sonne und Mond betrachtet und diese miteinander vergleicht.« Freilich befaßte sich die Astronomie an der hochscholastischen Universität fast nur mit Spekulation, kaum mit Beobachtung und brauchte auch das Astrolab bloß als Lehrmittel der Kosmologie, nicht zur Korrektur des Kalenders. Dafür taugte eine lediglich rechnende Sternkunde ohnedies nicht; während sie die Bewegungen sämtlicher Himmelskörper aufs genaueste kalkulierte, formulierte die Komputistik nur ganz grobe Zeitgleichungen nach den Zyklen von Sonne und Mond.

Johannes konnte sie mit den Methoden des Ptolemaios und der Araber arithmetisch berechnen, bis hinab zu den astronomischen Kleinzeiten der Minuten und Sekunden, und bemerkte wie Reiner von Paderborn, daß die Ergebnisse von den Annahmen des Kirchenkalenders abwichen. Doch nur für das tropische Sonnenjahr wagte er eine schüchterne Korrektur: Man könne die »Ordnung des Kalenders« wiederherstellen, wenn man alle 288 Jahre den Schalttag ausfallen lasse. Was den synodischen Mondmonat und damit die Osterberechnung betraf, so rundete Johannes die Zahlen »nach allgemeinem Brauch« auf und verschanzte sich hinter dem angeblichen Beschluß des Konzils von Nicaea 325: »Aber weil vom allgemeinen Konzil verboten wurde, etwas am Kalender zu ändern, müssen die Modernen bis heute Irrtümer dieser Art ertragen«[135]. Man konnte gut mit ihnen leben; Johanns Werk wurde zum beliebtesten Universitätslehrbuch für Zeitrechnung. Noch Luthers Mitstreiter Melanchthon gab es 1538 für die junge Universität Wittenberg neu heraus.

Der größte Enzyklopädist des Hochmittelalters, der Dominikaner Vinzenz von Beauvais, würdigte in den 1250er Jahren durchaus den seit Isidor erreichten Fortschritt im Umgang mit Zahlen.

Er forderte, Zeitrechnung mit indischen Ziffern zu betreiben, und besprach beide im gleichen Abschnitt *De computo et algorismo*. Für *computus* kannte er, auch darin zeitgemäß, zwei Bedeutungen: Im weiteren Sinn sei *computare* dasselbe wie *numerare*, mithin *computus* jedes Zählverfahren. Im engeren Sinn unterscheide *computus* bloß die Zeiten nach dem Lauf von Sonne und Mond, um die beweglichen Feste des Kalenders zu bestimmen. Ähnlich hatte Alexander von Villedieu geschrieben. Vinzenz fügte hinzu, man brauche die neuen Ziffern, um die benötigten kleinen Zeiteinheiten und großen Zahlenreihen auszurechnen. Dann winkte er ab: Das sei Aufgabe von Spezialisten und in einer Enzyklopädie nicht zu erörtern. Vinzenz selbst verzichtete im historischen Teil seines Werkes auf komputistische Methoden und datierte lieber wie ein Chronist (letztlich im Geist Herodots) relativ zu konkreten Herrschernamen als nach einer absoluten Jahreszahl, die ihm zu ungesichert vorkam[136].

Hing denn Zeitrechnung nicht mehr mit den christlichen Glaubenslehren zusammen, die soeben von der Hochscholastik umfassend analysiert wurden? Deren größte Leuchten, die Dominikaner Albertus Magnus und Thomas von Aquin, wußten sehr wohl, daß man Zeit mit modernen Verfahren ziemlich genau errechnen und beobachten konnte, und nannten das herkömmliche und ungefähre Vorgehen fast verlegen *computus ecclesiasticus*. Doch es mit Hilfe des islamischen Astrolabs zu präzisieren oder gar zum *computus philosophicus* zu läutern, war nicht ihres Amtes, widersprach auch ihrer Philosophie. Denn sie subjektivierten die Zeit nach Augustins Vorbild und gestanden ihr keine volle, aristotelische Realität zu[137]. So schlossen sie, wenig anders als Abaelard, mit theoretischer Begründung die Zeitbestimmung aus dem Themenkreis der theoretischen Wissenschaften aus und überwiesen sie der handwerklichen Praxis.

Verwirrte und verwaltete Kalender im Spätmittelalter

Gegen diese laxe Ansicht der Buchgelehrten wetterte 1263–65 der epochemachende ›Compotus‹ des Oxforder Franziskaners Roger Bacon. Seine Definition des Faches, an eine von Robert Grosseteste vorgebrachte angelehnt, klang wie eine Kampfansage an Johannes von Sacrobosco, wie ein Bekenntnis zu Reiner von Paderborn. Zugleich führte sie die immer weiter zersplitterten Zeitbegriffe der Scholastik neuartig zusammen. »Die Wissenschaft von der Zeit ist die Wissenschaft von der Unterscheidung und Zählung der Zeiten, die aus Bewegungen äußerer Körper und aus menschlichen Gesetzen hervorgehen. Sie heißt bei den Autoren *compotus*, nach *computare*, weil sie die Zeit durch deren Teile zu zählen lehrt. Diese Teilung und Bezeichnung geschieht auf dreifache Art: In den *compoti* der Autoren wird manches nach der Natur, manches nach der Autorität, manches bloß nach Brauch und Willkür bezeichnet.« Nach der Natur unterscheidet man Jahre, Jahreszeiten, Monate und Tage, nach der Autorität natürliches und bürgerliches Jahr, Sonnenmonat und Mondmonat, nach dem Brauch Monate mit 28, 30 oder 31 Tagen[138].

Bacons Dreiteilung stammte von Beda, doch er verlagerte den Akzent: Zeit könnte mehr sein als ein Gemenge widersprüchlicher Zeichen, das wir aus Büchern entnehmen; ihre Neubegründung würde unser wirkliches Leben verändern. Wenn wir Christen uns nicht vor den Muslimen als Ignoranten blamieren wollen, müssen wir die kurze Spanne vor dem Hereinbrechen des Antichrist vernünftig einteilen und ausnützen. Wer Mathematik als grundlegend für die Gestaltung unserer Welt erkennt, wird diese Wissenschaft auch auf den Alltag anwenden, zur Rationalisierung bürgerlichen

Handels so gut wie zur Perfektionierung christlichen Wandels, und Zahlen nicht beliebig auf- oder abrunden.

Unser Osterfest liegt inzwischen drei bis vier Tage hinter dem Mond. Wir können Natur und Kunst wieder sichtbar zusammenbringen, auch wenn, ja gerade weil wir nicht wie frühere *compotiste* mit ganzen Zahlen arbeiten dürfen. Sonnenjahr und Mondmonat sind in keine glatte arithmetische Gleichung zu bringen, Sternenlauf und Kirchenkalender somit einander nur ungefähr anzunähern. Zeitrechnung stand immer noch so turmhoch über Zeitmessung, daß Bacon keinerlei Experimente mit Instrumenten unternahm oder vorschlug, weder mit dem viel zu ungenauen Astrolab noch mit den viel zu raffinierten Wasser- und Sonnenuhren des islamischen Hochmittelalters. Aber wenigstens sollte die christliche Zeiteinteilung wieder so weit den Himmelserscheinungen entsprechen wie im 7. Jahrhundert, als die Araber den bestmöglichen Kalender entdeckten. Christliche *compotiste* müßten also sechshundertjährige Fehler korrigieren, die die errechneten Frühlingstermine für Tag- und Nachtgleiche und ersten Vollmond seither immer weiter von den beobachteten Zeitpunkten abgedrängt haben[139].

Daß Bacons Kritik zutraf, sah jeder mit eigenen Augen. Doch wer sollte die von ihm verlangte Änderung anordnen? Normalen Sterblichen fehlte es an Bildung und Zeit, um den Streitpunkt der Zeitrechner zu begreifen, geschweige denn zu entscheiden. Wozu auch, wenn ihnen Päpste und Könige den Rhythmus der Jahre, den Termin der Feste, die Gliederung der Tage vorschrieben? Kalenderprobleme wurden häufiger durch juristische Verfügungen als durch komputistische Forschungen gelöst. Weil Bacon das wußte, richtete er seinen Appell zur Kalenderreform 1266 an Papst Clemens IV. [140]. Besaß aber das Papsttum genug gelehrte Überzeugung, politischen Mut und soziale Autorität, um die Zeit der ganzen Christenheit wieder auf einen gemeinsamen Nenner zu bringen?

Die päpstliche Kurie sah zunächst keinen Anlaß zu spektakulären Maßnahmen, eben weil sie Zeit rechtlich zu normieren wünschte. Der unter Clemens IV. in päpstliche Dienste getretene Franzose Guillaume Durand, inzwischen zum Bischof erhoben, widmete um 1286 in seinem Handbuch des liturgischen Rechts den geltenden Normen der Zeitrechnung das ganze letzte Buch *De computo et calendario*. Er definierte *computus* immerhin nicht als Sache bloßer Vereinbarung oder Verordnung, sondern als »die Wissenschaft, die sich der Zeit nach dem Lauf von Sonne und Mond vergewissert«. Nach diesem Zugeständnis an die Objektivität der Zeiteinteilung griff Durand freilich auf Alexander von Villedieu zurück und hob den vulgären oder kirchlichen *computus* vom astronomischen oder philosophischen ab, mit dem er sich nicht näher befassen wollte. Zwar sprach er wiederholt vom *error nostri computi* und suchte ihn durch zusätzliche Regeln im Detail zu verbessern. Aber eine allgemeine Kalenderreform faßte er nicht ins Auge; von Bacon schwieg er beredt[141]. Es war der letzte Versuch eines bedeutenden Fachmanns, unter dem seit Cassiodor üblichen Titel ›De computo‹ das hergebrachte Verfahren in Schutz zu nehmen[142]. Die Kenner versteiften sich immer mehr auf das von Bacon aufgeworfene Thema ›De calendario‹ und fochten die gebräuchliche Zeitrechnung an.

Dahin tendierten auch Verschiebungen im Umfeld, die das Urteil über Zeit und Zahl den Experten weitgehend entzogen. Für die Zeitbestimmung brauchte man immer weniger Astronomie und Kosmologie, vor allem, weil das Astrolab im späten 13. Jahrhundert seinen Vorrang als präzisester Kurzzeitmesser an einen alten Konkurrenten verlor, den Sonnenquadranten. Er war im 11. Jahrhundert aus dem islamischen Spanien zusammen mit dem Astrolab eingeführt worden, stand ihm aber zunächst an Brauchbarkeit nach. Dieses Viertel einer Astrolab-Rückseite rechnete in äquatornahen Zonen ziemlich zuverlässig die Sonnenhöhe in Tagesstunden um und sollte, mit einer verschiebbaren Kalenderskala versehen, auch für mittlere Breitengrade den gleichen Dienst tun. Dort aber verfehlte das Gerät, zumal am Mittag des längsten Tages, die wahre Ortszeit um eine ganze Stunde, denn es las sie an parallelen Geraden ab, nicht an solchen Kurven, wie sie auf der Vorderseite des Astrolabs standen; Hermann der Lahme hatte dessen Stundenkurven mit gutem Grund auf seine Säulchen-Sonnenuhr übertragen. Doch noch Sacrobosco kannte nur den ungenauen Linien-Quadranten, den die Forschung *Quadrans vetustissimus* nennt.

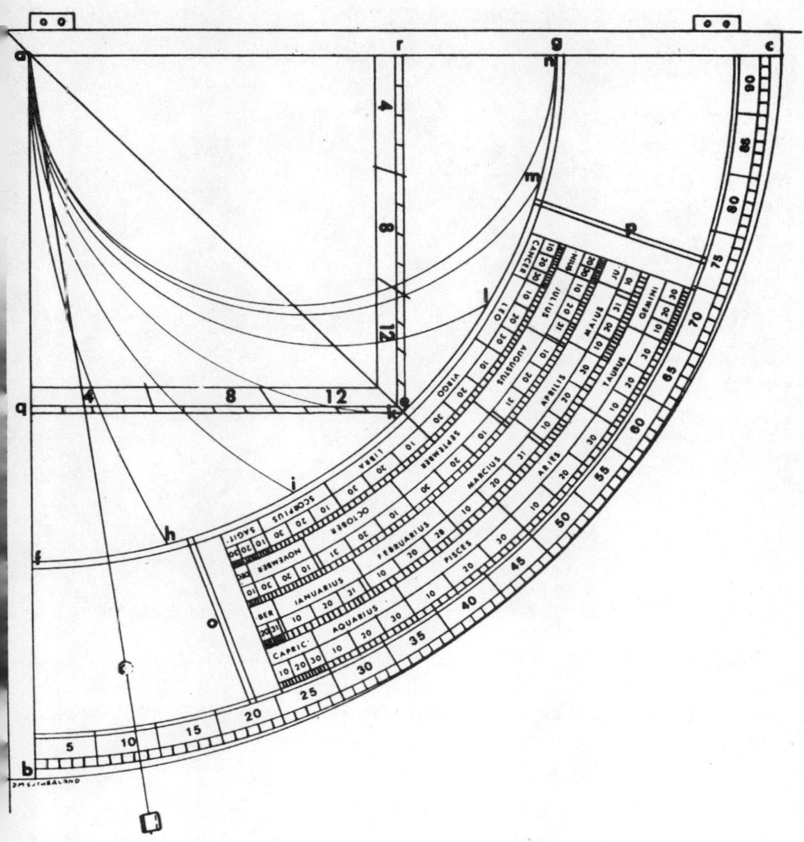

Sonnenquadrant, Umzeichnung von Nan L. Hahn 1982 nach den Handschriften der Anleitung Johanns, Montpellier um 1280. Oben Visiereinrichtung, unten Pendel, auf dem Quadranten Schattenquadrat (q–r), sechs Stundenkurven (h–n), verschiebbare Kalenderskala (o–p), hier eingestellt auf einen höchsten Sonnenstand von knapp 70 Grad, der Breite von Montpellier entsprechend.

Mittelalterliche Wasseruhr, aus einer Bilderbibel, Paris um 1250, heute Bodleian Library Oxford. Der Prophet Jesaias verweist den todkranken König Ezechias auf ein Horologium (nach 4. Reg. 20, 11). Glöckchen über einem Rad aus 15 Metalltrichtern mit Mittellöchern, darunter ein Wasserbecken, kein Zifferblatt, keine Erläuterung der Wasserzufuhr.

Nun wurde auch er auf komplexe Stundenkurven umgestellt, anscheinend von Engländern, die in Südfrankreich lebten; denn ein *Guillelmus Anglicus* wußte 1231 in Montpellier oder Marseille als erster davon. Ein Traktat über das neue Instrument kam in Montpellier 1263 heraus, ein verbesserter kurz vor 1284, wieder in Montpellier, von einem Magister Johannes verfaßt, der vielleicht ebenfalls aus England kam. Sein Werk verbreitete sich rasch in ganz Europa. Da auch der neue Quadrant (in der Forschung *Quadrans vetus* geheißen) nur ein Kreisviertel beanspruchte, konnte er größer als Astrolab und Säulchen-Sonnenuhr gebaut werden und deshalb die Tageszeit genauer anzeigen. Das größere Format empfahl ihn auch mehr als ein Astrolab für praktische Zwecke, zumal geometrische und geodätische Messung. Schließlich fielen alle astronomischen und kosmologischen Vorrichtungen des Astrolabs weg, so daß auch Nichtspezialisten ihre Tageszeit bis auf die Viertelstunde exakt messen konnten[143].

Inzwischen wagte ein anderer Landsmann Bacons, Robertus Anglicus, in einem Kommentar zu Sacroboscos astronomischem Hauptwerk 1271 einen kühneren Vorstoß. Als er die Zählung der Tag- und Nachtstunden bedachte, sah er nicht ein, daß alle Instrumente für Sternkunde und Stundenmessung immer noch umständlich mit dem ›künstlichen Tag‹ und seinen ungleichen Temporalstunden hantierten, während doch der ›natürliche Tag‹ mit 24 gleichen Äquinoktialstunden viel schneller und genauer zu handhaben wäre: 1 Stunde = 15 Grad des Kreises. Wer astronomische Geräte nicht nach astronomischen Erkenntnissen baute, mußte sich über die ständigen Fehler nicht wundern. »Es ist unmöglich, daß irgendein *horologium* wirklich nach den Kriterien der Astronomie genau geht. Die Uhrmacher *(artifices horologiorum)* versuchen es mit einem Rad *(circulus)*, das sich genau wie der Äquinoktialkreis bewegen soll; aber sie können ihr Ziel nicht ganz erreichen. Erst wenn es ihnen gelänge, gäbe es ein ganz genaues *horologium*, und es wäre mehr wert als ein Astrolab oder sonst ein astronomisches Instrument, um die Stunden zu messen.«

Das Problem wäre mechanisch zu lösen, wenn man die alte Wasseruhr Vitruvs zum Vorbild nähme. Sie war inzwischen im Islam fortgebildet worden und hieß im lateinischen Westen ebenfalls *horologium*. Könnte man sie nicht noch von dem schwerfälligen Wasserantrieb befreien und dann leichter verpflanzen? Robert dachte an ein tariertes und frei schwingendes Rad, das sich, durch ein Bleigewicht an der Achse gleichmäßig bewegt, von einem Aufgang der Sonne bis zum nächsten einmal herumdrehe, zuzüglich des einen Grades, um den die (tropische) Sonnenbewegung hinter der (siderischen) Fixsterndrehung zurückbleibe. Die Zeitanzeige könne die bewährte Form beibehalten und wie die Vorderseite des Astrolabs aussehen, die 360-Gradskala am Außenrand wäre spielend in 24

Stunden zu teilen – und die Rückseite mit Visiereinrichtung und Kalenderskala fiele weg.

Welche Erleichterung wäre das für alle! Die Mechanik liefe bei jedem Wetter fast wartungsfrei und gäbe die derzeitige Situation des Sternenhimmels exakt wieder. Die Fachleute müßten nicht mehr für jede Zeitansage mühselige Messungen auf der Astrolab-Rückseite anstellen, und Laien könnten die Stunde fehlerfrei ablesen, ohne sich zu verrechnen oder ein teures Instrument zu verbiegen. Robert band die Gleichförmigkeit der Maschine sofort an die der angezeigten Stunden, skizzierte also nicht weniger als das Prinzip der Räderuhr, konsequenter, als es nachher verwirklicht wurde. Wann es dazu käme, hing bloß von einem – allerdings schwierigen – technischen Kniff ab, an dem die Uhrmacher noch laborierten und von dem Vitruv nichts gesagt hatte: von der Hemmung, die Rad und Gewicht nur in Abständen freigab und vorschnelles Abschnurren unterband[144].

Die gleiche Aufmerksamkeit, die sich der vereinfachten, dennoch präzisierten Zeitbestimmung zuwandte, galt der angewandten, gleichwohl verfeinerten Zahlenkunde. Auch sie kam immer besser ohne studierte Mathematiker und Komputisten zurecht. Nachdem hochmittelalterliche Kirche und Universität den Umgang mit Zahlen in die Profanität abgedrängt hatten, waren sie inzwischen so mannigfach in weltliche Gegenwart verwoben, daß Geistliche die Fäden nicht mehr entwirren konnten. Zahlenbewußt benahmen sich nicht mehr nur Fachleute für Arithmetik. Wer die Geschichte seiner Gegenwart beobachtete und aufschrieb, übte sich seit dem 13. Jahrhundert, zuerst wohl in Italien, eifrig an realistischer Zählung von Menschen und Dingen, an plausibler Datierung von Vorfällen und Veränderungen.

Von Italien aus griff im selben Zeitraum kaufmännische Rationalität um sich. Im Italienischen hieß *conto* noch um 1250 astronomische Zeitrechnung, wie lateinisch *computus*, aus dem es abgeleitet war. Der Florentiner Brunetto Latini verfaßte zu Beginn der 1260er Jahre eine Enzyklopädie, nicht in der heimischen Mundart, sondern französisch. Da hießen komputistische Zeitrechner noch *conteour* und ihre Ergebnisse *li contes de la lune et ses raisons*[145]. *Computus* und *ratio* wurden förmlich übersetzt, nicht inhaltlich verschoben; beide liefen auf abstrakte ›Rechenhaftigkeit‹ hinaus. In den 1280er Jahren aber schrieb Dante Alighieri eine Sammlung von Liebesgedichten ›Il Fiore‹; da bedeutete *conto* die Beziehung von zwei Liebenden zueinander. Die Metapher umkreiste nicht das Verhältnis stetiger Liebe zur zerrinnenden Zeit, sondern zielte konkret auf Abrechnung und Ausgleich zwischen Einnahmen und Ausgaben, auf ökonomische Buchführung[146].

Zusammen mit deren Methoden wanderte das Wort *conto* in die Sprachen der Nachbarn, ins Französische als *compte*, ins Spanische als *cuento*, ins Deutsche als *Konto*[147]. Die Papstkanzlei vollzog die Wendung auf lateinisch mit und schuf spätestens in den 1250er Jahren das Amt des *taxator* oder *computator*. Er mußte die Gebühren für päpstliche Urkunden festsetzen und verbuchen, nicht etwa auf Durands Weise Feiertage berechnen[148]. Auch bei den Franzosen drang die Finanzwirtschaft jetzt, wie bei den Engländern früher, in die öffentliche Verwaltung ein. Seit der Mitte des 13. Jahrhunderts trat in Paris die königliche *curia in compotis* zusammen; bald wurde sie ausgegliedert als *camera compotorum*. Nach 1304 hieß sie *Chambre des comptes*, Rechnungskammer[149]. Die Deutschen entlehnten *comptoir* im 15. Jahrhundert für ›Zahltisch‹, ›Schreibstube‹ und ›Handelsniederlassung‹; es lebt in *Kontor* fort[150].

Die Finanz mußte Kalendertage klar fixieren und rasch addieren, konnte also unser Beispieldatum nicht länger wie die Römer als sechsten Tag vor den Nonen des März bezeichnen. Wer es gar weiterhin nach christlichen Heiligen benannte, verfing sich im Gestrüpp regionaler Kulte: Der 2. März wurde in Flandern dem seligen Grafen Karl dem Guten, in Böhmen der seligen Königstochter Agnes geweiht. Noch bevor es dazu kam, begann die Kanzlei Kaiser Heinrichs VI. die Monatstage durchzuzählen, wie die Normannen schon länger. Eine Mailänder Urkunde des Kaisers wurde 1191 ausgestellt *quarto mensis Decembri* (!), ›am 4. Dezember‹. Aber grundsätzlich gab nicht einmal Italien die alte Gewohnheit preis; im deutschen Sprachraum tauchte die durchgehende Tageszählung nach dem Muster ›2. März‹ erstmals 1252 in der Stadtgemeinde Luzern auf und setzte sich noch lange nicht durch[151].

Im Gegenteil, seit dem späten 12. Jahrhundert verbreitete sich von Deutschland aus eine neue Merkhilfe für die Datierung nach Heiligenfesten, der sogenannte *Cisiojanus*, ein abstrus klingendes Gedicht von 12 Doppelhexametern, komputistischen Merkversen des Frühmittelalters nachempfunden. Jeder Tag im Monat war durch eine Silbe vertreten. *Ci* bedeutete *Circumcisio Domini*, den 1. Januar; die nächsten zwei Silben *sio* standen für den festlosen 2. und 3. Januar; *janus* erinnerte an *Januarius* und den 4. und 5. Tag des Monats. Für den 2. März fand man da freilich keinen Heiligentag, bloß die Füllsilbe *ti* in *Martius*. Trotzdem eine praktische Art, Kalenderzeit abzuzählen, ohne die tödliche Akribie der Rechner und Schreiber, darum später vielfach ins Volkssprachliche umgesetzt[152].

Auch daß das Jahr in Deutschland meist zu Weihnachten begann, in Frankreich zu Ostern, in Italien und England zu Mariens Verkündigung, behinderte die Geschäfte. Das bürgerliche und ökonomische Jahr fing jetzt, wie das martyrologische und komputistische schon früher, am 1. Januar an; aber selbst wer es am *Cisiojanus* merkte, stellte seinen Kalender nicht um. Wie bei Münzprägungen und Raummaßen, so bei Datierungen: Inmitten fortschreitender Fiskalisierung vermehrten Ansätze zur Rationalisierung bloß noch den Wirrwarr. Richtig zählen und rechnen konnten mittlerweile viele, aber nicht alle liebten genaue Termine. Im Ungefähren ließ sich's gemächlicher leben, und wenn schon Absprachen, dann humane, nämlich flexible. Man mußte nicht lesen und schreiben können, um sich an lang zurückliegende Einschnitte zu erinnern, wurde auch immer öfter von neugierigen Behörden nach Lebensdaten gefragt; doch viele Laien sträubten sich, ihr erlebtes Menschenalter in Akten und deren abgezählte Zeit zu pressen[153].

Auch wer die Welt für ein Buch hielt, lieferte ihr Schicksal nicht den kleinen Zahlen aus. In Deutschland, vermutlich in Bamberg, war um 1205 ein schriftgläubiger Geistlicher auf den halb kabbalistischen, halb algebraischen Gedanken verfallen, daß die Dauer des irdischen *saeculum* im lateinischen Alphabet verborgen liege. Jedem der 23 Buchstaben entsprach ein rundes Jahrhundert, wobei die Reihe nicht mit der Weltschöpfung, sondern erst mit Roms Gründung begann, insofern mit Recht, als die Zählung nach *saecula* tatsächlich aus dem antiken Rom kam. Drei Buchstaben, *x, y, z*, dreihundert Jahre standen jetzt noch bevor. Die Aufregung um den staufischen Kaiser Friedrich II. ließ um 1240–60 viele Zeitgenossen ein weit früheres Weltende befürchten; doch als der Lärm verklungen war, kam der Kölner Kanoniker Alexander von Roes 1288 auf die Rechnung des Bambergers zurück, mit dem Ergebnis, daß sich der letzte *annorum centenarius* bis etwa 1500 hinziehen werde. Am Ende beschlichen ihn Zweifel: Andere Leute rechneten mit mehreren tausend Jahren Zukunft, und die Anhänger des Aristoteles hielten die Welt »mit natürlichen Argumenten« überhaupt für ewig. Das Sicherste war, in jedem Moment auf alles gefaßt zu sein und sich auf keinen Moment ganz zu verlassen[154].

Warum bei so unbestimmten Aussichten die Gegenwart übereilt vereinheitlichen? Warum Jahr und Tag penibler regeln als Pfund und Pfennig, Meile und Fuß? Es fiel schwer, die simpelsten Normierungen durchzusetzen; das beklagte der Weltpriester Elias Salomon aus dem Périgord, als er 1274 dem Papst Gregor X. eine an der Musikpraxis orientierte ›Scientia artis musicae‹ widmete. Was ihm in der Papstkapelle zu Avignon gefallen hatte, damals aber noch nicht überall eingeführt war, müßte allgemein befohlen werden: Man sollte Blätter von Chorbüchern fortlaufend numerieren, damit die Sänger bei Verweisen rasch das richtige Blatt fänden. Elias nannte diese Blattzählung nun auch schon *computus*, ohne eine Verbindung zu Tonfolge und Rhythmus, zu Gottesdienst und Kirchenjahr herzustellen. Noch hing höhere Bildung von Büchern ab. Aber Elias murrte, manche Chorleiter radierten diese Zahlen wieder aus, weil sie es den Sängerknaben nicht zu einfach machen wollten. Buchgelehrte sperrten sich oft gegen das Eindringen indischer Ziffern ins Schriftwesen; davon abgesehen setzten sie ihr Wissen nicht immer dafür ein, anderen das Leben zu erleichtern[155].

Wenn sich Rechner doch dazu bequemten, womit leisteten sie Mitlebenden den besten Dienst? Nicht mit der Berechnung des fernen Weltendes, sondern mit der Voraussage des Wetters von morgen und der Ernte im nächsten Jahr. Eine astrologische Anleitung, vielleicht von einem Johannes von London verfaßt, jedenfalls dort 1296 entstanden und um 1318 in Oxford durch Richard von

Wallingford bearbeitet, notierte kühl, die Wintersonnenwende sei einst, zur Zeit der *fundatores kalendarii Romanorum*, am Weihnachtstag eingetreten, finde aber jetzt mehr als 11 Tage früher statt, wie *per sapientes compotestas in isto novissimo tempore speculantes* festgestellt worden sei. Ob der Autor an Bacon dachte oder nicht, er unterschied spekulierende Komputisten kaum mehr von Astrologen und Meteorologen. Er kümmerte sich denn auch nicht um Kalenderreformen, sondern gab zur Berichtigung drei Tabellen bei, die »jede vergangene und künftige Zeit« betreffen sollten, jedoch lediglich bis 1176 zurück und bis 1416 voraus reichten und ausschließlich für London galten. Daß das 14. Jahrhundert sein Ideal der Quantifizierung zwar laut proklamierte, aber nicht praktizierte, lag eher an praktischem Sinn für Verhältnismäßigkeit als an theologisch motivierter Mutlosigkeit[156].

Je kleinräumiger der Alltag geregelt wurde, desto ernster nahmen die Päpste nun allerdings ihre Verantwortung für die Langzeit der Christenheit. Bonifaz VIII. sorgte dafür recht robust, mehr vom Kirchenvolk gedrängt als aus eigenem Antrieb, als er im Februar 1300 für das laufende Jahr allen Rompilgern einen vollkommenen Ablaß versprach und sogleich bestimmte, er könne auch »in jedem hundertsten Jahr danach« erworben werden. Die päpstliche Proklamation des ›Heiligen Jahrs‹ sollte hauptsächlich die runde Wiederkehr von Christi Geburt feiern, beschwor aber auch die Erinnerung an Säkularfeiern im antiken Rom und stellte der Welt eine lange Zukunft in Aussicht, unter der gnadenreichen Herrschaft des Papsttums. Damit die Gläubigen auf diesen Segen nicht ein ganzes Leben oder noch länger warten müßten, verkürzte Papst Clemens VI. 1343 die Frist des Jubeljahres auf fünfzig Jahre (nach Levit. 25, 11), so daß die Kirche 1350 schon wieder ein *annus iubilaeus* feiern konnte. Damit begann die Inflation jener Jubiläen, in denen schließlich unser Säkulum bloß noch seinen Gedächtnisschwund feiert.

Derselbe Clemens VI., ein gelehrter Benediktiner, sorgte auch für die nähere Zukunft vor. Er drängte 1345 in Avignon auf Verbesserung des Kalenders; die Kirche feierte in diesem Jahr Ostern astronomisch um eine ganze Woche zu spät. Der Papst holte Vorschläge ein, den wichtigsten von dem Pariser Universitätsgelehrten Johannes de Muris, der den Zusammenhang zwischen Zeit und Zahl seit langem unterstrich, entschiedener als die Hochscholastik. In seiner ›Notitia artis musicae‹ hatte er sich 1321 eindeutig zur Lehre des Aristoteles bekannt: *Est autem tempus mensura motus.* In dieser bewegten und bemessenen Zeit treffen, etwa beim musikalischen Vortrag, zweierlei Formen zusammen, natürliche Einschnitte, die Anfang und Ende setzen, und mathematische, die den Ablauf unterteilen. Ebenso zerfallen, wie Johannes 1324 in der ›Arithmetica speculativa‹ erklärte, die Zahlen in natürliche, an den Dingen sichtbare, und mathematische, von den Dingen abstrahierte[157].

Johannes setzte dem Papst in der ›Epistola super reformatione antiqui kalendarii‹ auseinander, daß beim Kalender nur eine mathematische Lösung in Frage kam. Sie wurde dadurch erleichtert, daß um 1272 die Hofastronomen des kastilischen Königs Alfons des Weisen die Bewegungen von Sonne und Mond tabellarisch genauer als bislang aufgezeichnet hatten, von islamischen Vorbildern angeregt. Johannes, der die Alfonsinischen Tafeln seit 1318 verbesserte und erläuterte, mußte nun zwei inkommensurable Zahlenreihen zusammenführen, jede in sich arithmetisch kompliziert, beide astronomisch verschieden konstruiert. Das tropische Sonnenjahr war durch Auslassung von Schaltjahren so zu berechnen, daß die Tag- und Nachtgleiche im Frühjahr wieder wie zu Zeiten des Konzils von Nicaea auf den 21. März fiel; der synodische Mondmonat konnte durch Zusätze zur Goldenen Zahl so verschoben werden, daß der Ostersonntag wieder unmittelbar auf den wirklichen Frühlingsvollmond folgte. Doch für beides, das war das schlimmste, mußte man das Kalenderjahr einmal um mehrere Tage verkürzen. Johannes fürchtete, diese *reformatio* könne an den Höfen der Fürsten Streitigkeiten über Zahlungen und Verträge auslösen, beim Volk sogar zu Tumulten führen. Darum änderte er lediglich die Rechenformeln für Sachkenner, kurierte also bloß an unscheinbaren Symptomen[158].

Andere taten es ihm nach. Ein süddeutscher Anonymus verfertigte kurz nach 1360 eine *compotistica figura*, ein Tabellenwerk, das außer feststehenden Großzyklen die beweglichen Daten des *computus ecclesiasticus* angeblich *infallibiliter* nachwies. Der Autor fügte aber gleich Regeln hinzu, die an den Tabellen für Schaltjahre, Sonntagsbuchstaben und Goldene Zahlen Korrekturen erlaubten, seltsam schematisch: »Wenn die Ausgangszahl mit der in der Figur angegebenen übereinstimmt, ist es gut, wenn aber nicht, dann verbessere sie.« Was solche Gegenproben nahelegte, wurde dem Leser verschwiegen[159]. Dabei konnten inzwischen spätscholastische Naturphilosophen wie die Oxforder *calculatores* mit Hilfe des Buchstabenkalküls unendlich kleine Zeitspannen und unendlich große Geschwindigkeiten theoretisch quantifizieren und differenzieren; doch daß Messungen über praktische Erfahrungswerte hinaus langfristig exakte Ergebnisse brächten, glaubte niemand. *Calculare* hieß eben nicht nachmessen und mit Vorhandenem experimentieren, sondern kalkulieren und über Ungewisses spekulieren[160]. So scheiterte die Reform des Computus um die Mitte des 14. Jahrhunderts weder an der Verzagtheit der Wissenschaft noch an der Verstocktheit des Papsttums, sondern an den Vorstellungen von Zeit und Zahl, die in der Christenheit herrschten.

Räderuhren und Gangunterschiede im 14. und 15. Jahrhundert

An ihnen änderte auch die Erfindung der mechanischen Räderuhr wenig, deren revolutionierende Wirkung von der modernen Forschung gern überschätzt wird. Freilich war die Uhr die früheste Maschine zur Zeitmessung; indem sie das Zählen an das Messen band, kehrte sie die alte Rangordnung um, wie es schon Hermann der Lahme gefordert hatte. Sie kombinierte die Prinzipien von Abacus und Astrolab, ein ›digitales‹, ruckweise zählendes Laufwerk und eine ›analoge‹, stetig messende Anzeige. Daß sie dennoch nicht schlagartig das Bewußtsein von Zeit und Zahl umstülpte, erweist sich daran, daß die Erfindung nur vage in die Jahrzehnte zwischen 1300 und 1350 zu datieren ist und kein Zeitgenosse uns den Erfinder nennt[161].

Viel Staub konnte er nicht aufwirbeln, solange die Erfindung der Hemmung lediglich den Vorschlag des Robertus Anglicus von 1271 realisierte, auch ihn bloß zur Hälfte. Die neue Maschine sollte durchaus nicht die alte Zeitordnung umstürzen. Es war Fortschritt genug, wenn man das Astrolab, nach Art einer Wasseruhr mechanisiert, nur einmal morgens, einmal abends neu einstellte; dann zeigte es so gut wie bisher die ›krummen‹ Temporalstunden des folgenden Tags und der nächsten Nacht, die das Leben noch immer beherrschten und auf Astrolabien an den Kurven der Einlegescheibe abzulesen waren. Bei Tag und Nacht mußten Fachleute nicht mehr für jede Zeitansage umständliche Messungen anstellen, und Laien brauchten nicht mehr die Hände, um die Stunde zu erfahren, nur die Augen, nachts sogar bloß die Ohren. Daß die neue Maschine ein Schlagwerk erhielt, also zusätzlich die Funktion einer Glocke übernahm, veränderte das Zeitgefühl nicht von Grund auf. Wenn jetzt kleinere Zeitmaße als die sieben Stundengebete und die zwölf Temporalstunden vom Turm verkündet wurden, war es zunächst noch immer der Glöckner, der sie von Hand läutete, sobald ihn das Schlagwerk weckte.

Trotzdem setzte sich der Kerngedanke des Robertus Anglicus durch, weil die Maschine beinahe automatisch den gleichförmigen Äquinoktialstunden einen Vorrang verschaffte. Wer die Uhr nicht zweimal täglich justieren mochte, hatte nur noch das Räderwerk von Fall zu Fall aufzuziehen, sobald er Zeiger und Schlagwerk auf die ›geraden‹ 24 Stunden umstellte, die dem Vollkreis am Außenrand des Astrolabs entsprachen. Sie wurden von den Fachleuten als ›natürliche‹ Stunden favorisiert, die Laien lasen sie leicht ab, von einem Zifferblatt. Alle technischen und gelehrten Vorteile hätten freilich wenig bewirkt, wäre die Umstellung nicht zugleich der Mentalität von Stadtbürgern entgegengekommen. Ihre Tagesarbeit, immer öfter durch Werkzeuge terminiert und durch Geldzahlung entlohnt, sollte innerhalb der Stadtmauern kalkulierbar und kontrollierbar, mithin gleichförmig sein; so mußte es die gemeinsame Uhr für Arbeitgeber und Arbeitnehmer ebenfalls sein.

Aus diesen Gründen ersetzten die gleichlangen Uhrstunden allmählich die Tagzeiten des Stundengebets als Zeitangabe; was Beda empfohlen hatte, bürgerte sich nun ein. Das deutsche Wort *Uhr* wurde noch im 14. Jahrhundert vom lateinischen *hora*, näherhin vom italienischen *ora* entlehnt. Vor 1383 brachten die Nürnberger am Turm der Sebaldskirche eine Stundenglocke an, die der Türmer von Hand bediente; als sie 1396 ersetzt werden mußte, hieß die Nachfolgerin *Orglogck* und wurde mit einer Räderuhr verbunden. Wie die Nürnberger verweisen wir auf das Meßinstrument, wenn wir sagen, es sei 18 Uhr[162].

Daß es sichtbar am Kirchturm hing und hörbar die Stunde schlug, vereinheitlichte die Zeit nur im Kirchturmshorizont. Man

Rechte Seite: Turmwächteruhr aus St. Sebald in Nürnberg, spätes 14. oder frühes 15. Jahrhundert, heute Germanisches Nationalmuseum Nürnberg. Höhe 43 Zentimeter, 16-Stunden-Zifferblatt, Stundenknöpfe zum Abtasten im Dunkeln, ein kleiner Wecker für den Türmer, der dann die Glocke von Hand anschlug.

zählte die Tagesstunden von Ort zu Ort anders: kleine Uhr, große Uhr, ganze Uhr, und selten begann man um Mitternacht wie wir. Trotzdem erschütterte die Räderuhr das Zeitbewußtsein des Spätmittelalters dadurch, daß sie die Gleichzeitigkeit des Ungleichzeitigen aufdeckte. Sie schuf nicht ›die Neuzeit‹ und schon gar keine ›Weltzeit‹, wie Fortschrittsgläubige schwärmen; sie blockierte Bacons Synthese und ermutigte wenigstens vier Zeitauffassungen mit beträchtlichen ›Gangunterschieden‹. Alle vier verstanden die Uhr als Sinnbild für gemessene Lebensgestaltung inmitten chaotischer Umstände; jedoch waren die Zeichen am Zifferblatt nur schneller lesbar, nicht leichter deutbar als die Lettern des Buchs, mit dem Gelehrte die Welt vorher verglichen hatten[163].

Die beiden nichtgelehrten Symbolisierungen predigten Demut. Für die erste, spiritualisierte Zeit der Mystik möge der deutsche Dominikaner Heinrich Seuse stehen, mit seinem ›Horologium sapientiae‹ von 1334. In einer Vision erschien ihm die göttliche Milde des Erlösers in Gestalt einer kunstvollen Uhr, deren wohlklingende Glocken alle 24 Stunden schlugen. Räderuhr und Glockenspiel wurden zum Spiegelbild der Seele. Sie ließ sich durch Betrachtung des leidenden Christus jederzeit, ein Leben lang, zur ewigen Weisheit auferwecken und sich im Augenblick, »im Nu«, über alle äußere Zeit hinwegheben. Die gottliebende Seele empfand diese innere Zeit ähnlich wie Augustin, teilte sie aber allein mit ihrem Herrn, weder mit der Kirchengemeinde noch mit der Stadtkommune[164].

Eine zweite, personalisierte Zeitanschauung wurzelte im Handwerk und kreiste um die Sanduhr, die im selben 14. Jahrhundert wie die Räderuhr aufkam. Auf der frühesten Abbildung, von Ambrogio Lorenzetti 1338 im Rathaus zu Siena gemalt, hielt *Temperantia* eine Sanduhr hoch. Da man seit Isidor von Sevilla *tempus* mit dieser Tugend verband, eignete sich die Sanduhr besonders als Symbol für Mäßigung, Gleichmaß, Bescheidung im Augenblick. Dem Arbeitenden führte sie zerrinnende Momente vor Augen, lautlos und ohne Zahltakt. Jeder Tätige gliederte und füllte sie anders, der Gelehrte im Gehäuse, der Prediger auf der Kanzel, der Verteidiger vor Gericht, der Seemann auf Wache, die Hausfrau am

Älteste Darstellung der Sanduhr, in der Hand der Temperantia, Gemälde von Ambrogio Lorenzetti (Ausschnitt) im Friedenssaal des Palazzo Pubblico von Siena 1338.

Herd. Doch in der Hand des Knochenmannes erinnerte sie alle an ihr letztes Stündlein und hielt sie an, den Moment zu nutzen, solange noch Zeit war: »Deine letzte Stunde ist eine von diesen«[165].

Zwei gelehrte Theorien predigten Stolz. Eine dritte, atomisierte

Zeitvorstellung nutzte die Bruchteile von Stunden, die man zuvor allenfalls hatte berechnen, nicht darstellen können. Jetzt schlug die Turmuhr auch die halben und die Viertelstunden, und schon dachte man in Minuten und Sekunden, die bislang nur von Astronomen gebraucht worden waren. Ließ sich jetzt nicht endlich, wie Firmicus Maternus verlangt hatte, die Einwirkung der Planeten auf das Menschenschicksal zuverlässig ermitteln? Der Oxforder Mathematiker Richard von Wallingford, inzwischen zum Abt von St. Albans befördert, baute um 1330 nicht nur eine planetarische Räderuhr; er stellte Kleinkindern der Königsfamilie auch persönliche Horoskope und legte ihnen damit die ganze Zukunft in die Wiege. Damit fand er zahlreiche Nachahmer[166].

Der Naturwissenschaftler Nicole Oresme kann den vierten, mechanisierten Zeitbegriff der Spätscholastik vertreten. Oresme beschrieb 1377 in seinem französischen ›Buch vom Himmel und von der Welt‹ das Universum als *horloge*, als regelmäßiges Uhrwerk, das weder vorgeht noch nachgeht noch stehenbleibt und im Sommer wie im Winter, bei Nacht wie bei Tag seinen Dienst tut. Dann verglich er die Bewegungen der Himmelskörper direkt mit einer Räderuhr, die alle Kräfte durch die Hemmung ausbalanciert. »Das ist so ähnlich, wie wenn ein Mensch ein *horloge* gemacht hat und in Gang setzt und es sich dann von selber bewegt.« Vor allem die planetarische Uhr wurde zum Abbild des Kosmos, mehr zum verbesserten Astrolab als zum exakten Zeitmesser; ihre Konstrukteure konnten sich mit dem Schöpfer der Weltmaschine vergleichen[167].

Gegen die Astrologen wandte Oresme ein, was die Komputisten gelernt hatten, daß Planetenbewegungen miteinander inkommensurabel waren, sich also nie wieder zu identischen Konstellationen trafen. Zifferblatt und Zeigerlauf bestätigten indes augenfällig die aristotelische Definition, Zeit als Zahl der Bewegung vom Früheren zum Späteren. Wenn Oresme am Himmel eine Uhr zu sehen meinte, schwebte ihm schließlich die große Räderuhr vor, die sein weiser König Karl V. 1362 auf dem Palast hatte anbringen lassen. Nach ihrem ziemlich launischen Glockenschlag mußten sich seit 1370 alle Pariser Kirchturmsuhren richten; sie teilte den Städtern ihren Arbeitstag zu. Wie soziale Zeit ablaufen sollte, befahl der König, der Konstrukteur par excellence[168].

Das moderne Zeitsystem der von Menschen gemachten Symbole war also am Ende des 14. Jahrhunderts bereits fertig ausgebaut; aber Europa war weniger denn je geneigt, seine Erdentage durch einen gemeinsamen Nenner zu dividieren. Die Reformkonzilien des frühen 15. Jahrhunderts unternahmen einen neuen Anlauf dazu, nachdem die päpstlichen Ansätze im Schisma steckengeblieben waren. Hatte ein Konzil, das von Nicaea 325, die vergangene Zeitordnung grundgelegt, so mußte ein neues Konzil sie zurechtrücken und damit der kirchlichen Wiedervereinigung die Zukunft sichern. Darum wünschten diese Versammlungen aller geistlichen, politischen und gelehrten Häupter der Christenheit verbesserte Zeitrechnung aufgrund präziser Zeitmessung. Kardinal Pierre d'Ailly trug dem Konstanzer Konzil 1417 eine schon 1411 verfaßte ›Exhortatio super correctione calendarii‹ vor, mit dem zeitkritischen Wortspiel, früher hätten große Männer mehr Sorgfalt verwandt auf die *calculatio* der Tage und Momente als auf die *computatio* der Pfennige und Moneten. Trotzdem pries der Franzose die Fortschritte der griechischen und arabischen Astronomen zur *praecisa veritas*, zur exakten Zeitmessung; ihnen müsse sich das veraltete Wissen christlicher *compotistae* beugen.

Allerdings repetierte der modernistische Kardinal bloß die alten Vorschläge von Grosseteste und Bacon. Mit Bacons Worten räumte er ein, was seit den Alfonsinischen Tafeln nicht mehr ganz zutraf, »daß uns die wahre Dauer des Jahres noch nicht mit voller Sicherheit bekannt ist«, und empfahl wie einst Reiner von Paderborn, sich am althebräischen Kalender zu orientieren. Worin unterschied sich dann der Fortschritt zur Präzision vom Rückfall in die Tradition? Wenn die Astronomie noch immer keine exakten Daten liefern konnte, zogen es gewissenhafte Konzilsväter vor, das Reformprojekt zu vertagen. Anscheinend war die Wissenschaft mit ihren Messungen noch nicht so weit, und wissenschaftlich mußte die Reform nun einmal sein, wenn ihr die Christenheit vertrauen sollte[169].

Wissenschaft war unterdes kein Reservat der Lateinkundigen

und der Geistlichen mehr. Der bedeutendste englische Dichter des Mittelalters, Geoffrey Chaucer, schrieb schon 1391 einen englischen Traktat über das Astrolab und lehrte seinen Sohn, die kirchliche Glockenzeit nachzumessen und nachzurechnen, *to calcule*, mit dem *Calculer*, dem ›Uhrzeiger‹ des Astrolabs. Allerdings strebte ein Laie nicht nach jener Genauigkeit, die ein *Astrologien* mit den Alfonsinischen Tafeln erreichte; Fachleuten überließ er auch die Berechnung der *holy daies in the Kalender*. Ein Geschäftsmann mußte sich nur zurechtfinden in Zeit und Raum, zu Wasser und zu Land, das derzeitige Datum des julianischen Sonnenjahres auf Tag und Stunde genau abzählen und durch Sternvermessung seinen Standort und die Himmelsrichtungen fixieren können. Für die Messung kurzer Zeiten entlehnte wohl einer von Chaucers Schülern das französische Substantiv *compte* aus dem ›Rosenroman‹[170]. Ein anderer Nachahmer Chaucers, wahrscheinlich der Benediktiner John Lydgate, wandelte das Wort 1413 für die Berechnung des langfristigen Kalenders latinisierend zu *compute* ab; um 1420 führte Lydgate *computacioun* ein. Das hieß mitnichten, daß sich die Laien den Kopf über Komputistik zerbrachen; ihr Werktag drehte sich um näherliegende Sorgen und tiefergehende Einschnitte[171].

Nikolaus von Kues hatte dieses Achselzucken der Laien vor Augen, als er für das Baseler Konzil 1436 ›De correctione kalendarii‹ schrieb. Unbarmherzig hielt er fest, daß die pünktliche Wahrheit der Zeitverschiebungen, *punctalis veritas*, sogar mit den größten Instrumenten bisher nicht in unfehlbarem Versuch habe gemessen werden können. Auf Fortschritte der Wissenschaft sei nicht zu hoffen. Himmelsbewegung und Menschenverstand hätten gar kein gemeinsames Maß. Zwischen den Bahnen der Himmelslichter selbst bestehe ein Mißverhältnis, *disproportio*; aus früheren Regelmäßigkeiten dürfe man nicht auf künftige schließen. Die Astronomen seien seit Alfons dem Weisen in ihrer subtilen Art noch mehr auf Präzision versessen als die *computistae* vom Schlag Sacroboscos, und die hätten auf ihre grobe Weise, *modo grosso*, schon die gesamte Weltzeit in ein viel zu genaues Schema gezwängt, mit fixierten Ausgangstagen für die Frühlingsgleiche von Tag und Nacht und mit gleichmäßigen Zyklen für die Umdrehungen von Sonne und Mond.

Um auf künftige Zeitschwankungen wendiger zu reagieren, möge das Konzil einmal, an Pfingsten 1439, zwischen Sonntag und Montag eine ganze Woche ausfallen lassen. »Weil es ein bewegliches Fest ist, überlegt die Allgemeinheit, *vulgus*, nicht, auf den wievielten Tag (des Monats) es fällt.« Ferner sollte der kombinierte Sonnen- und Mondzyklus der Lateiner durch den byzantinischen reinen Mondzyklus ersetzt und schließlich das Kalenderjahr je nach Bedarf, vorerst alle 304 Jahre, um einen Schalttag gekürzt werden. Zwei Einwänden begegnete Nikolaus: daß Astronomen, *calculatores*, die mit den Alfonsinischen Tafeln rechneten, verwirrt würden und daß Ökonomen zu Schaden kämen, die Termingelder und Zinszahlungen abgemacht hätten. Beiden Gruppen mutete der Cusaner Interimslösungen zu, angesichts einer religiösen Erneuerung, die Juden, Griechen und Lateiner zusammenführen und das Konzil von Basel als Stifter einer neuen Ära in ewigem Angedenken halten werde. Zum ersten Mal seit Augustus erschien eine neue Zeitrechnung als Beginn einer neuen Zeit. Wenn sich ›die Neuzeit‹ irgendwo ankündigte, dann hier. Es kam nicht dazu, weil das Konzil, ohnehin gespalten, keinen weiteren Anlaß zum Hader schaffen wollte und, nicht anders als der gemeine Mann, Experimente mit einer offenen Zukunft fürchtete[172].

Die Wiener Universitätslehrer Johannes von Gmunden und Johannes Regiomontanus entwarfen 1439 und 1474 lateinische Kalender, die alsbald ins Deutsche übersetzt und früh gedruckt wurden. Sie berechneten die derzeitigen Mondphasen für ein halbes Jahrhundert voraus und lieferten so der Zeitrechnung wichtige, von jedermann nachprüfbare Anhaltspunkte, machten aber keine generellen Reformvorschläge für den Kalender. Sie wollten dessen Termine bloß für überschaubare Zukunft festgelegt sehen[173]. Das fünfte Laterankonzil von 1512–17 vertagte die Kalenderreform erneut, weil die Astronomen noch immer nicht die exakte Korrelation zwischen Sonnenjahr und Mondmonat angeben konnten. Von pünktlicher Zeitmessung erhofften sich die Gebildeten inzwischen mehr als von grober Zeitrechnung; aber noch am Ende wie am

Anfang galt der Epoche des Computus Zeitbestimmung nicht als Selbstzweck. Das europäische Mittelalter wollte nicht beim antiken Kalender verharren, nicht in eine moderne Zukunft aufbrechen, nur seine Gegenwart einstweilen erträglich gestalten.

Weltmaschine und Chronologie in der frühen Neuzeit

Das Zeitalter der Perfektion begann mit dem Domherrn Nikolaus Kopernikus. Er erinnerte 1543 Papst Paul III. an das letzte Lateranum und seine *questio de emendando kalendario ecclesiastico.* Damit rechtfertigte er seine »genauere Zeitenberechnung, *supputatio temporum*, wie sie beim Ausrechnen von Himmelsbewegungen, *in motibus caelestibus calculandis*, nötig ist«. Kopernikus berief sich jedoch nicht nur auf arithmetische Berechnungen, auch auf astronomische Messungen, wie Hermann der Lahme; nur zog er modernere Instrumente als das Astrolab zu Rate. Mit ihnen verglich er historische Jahreszahlen antiker Ägypter und Griechen, nicht die Zyklen christlicher Geschichtsschreiber; deshalb schwieg er vom *computus ecclesiasticus.* Die neuentdeckte Gesetzmäßigkeit der Planetenbewegungen in Gottes *machina mundi* überholte alle Mutmaßungen mittelalterlicher Zeitrechner, auch die Hypothesen der Vorläufer Oresme und Cusanus. Die Wissenschaft war fortgeschritten; weil der Mensch jetzt die lange Anlaufzeit überschaute, konnte er endlich die ganze Wahrheit erkennen. Die Mathematik gab ihm die Gesetze an die Hand, die im offenen Universum allenthalben, im Himmel wie auf Erden, gleichförmig herrschten und ihn zum Herrn über seine Welt und seine Zeit zu machen versprachen[174].

Daß es damit noch gute Weile haben würde, dokumentieren am drastischsten die Bauernkalender des 16. Jahrhunderts. Sie lieferten ihren Kunden, die zumeist kaum lesen und rechnen konnten, vielerlei Bildzeichen für Glücks- und Unheilstage, Wind und Regen, Zeiten zum Aderlassen und Haarschneiden, Warnungen vor Wind und Schnee, die Stundenzahl der Sonnentage, die Mondphasen und Tierkreiszeichen, die Sonntage und Heiligenfeste. Da

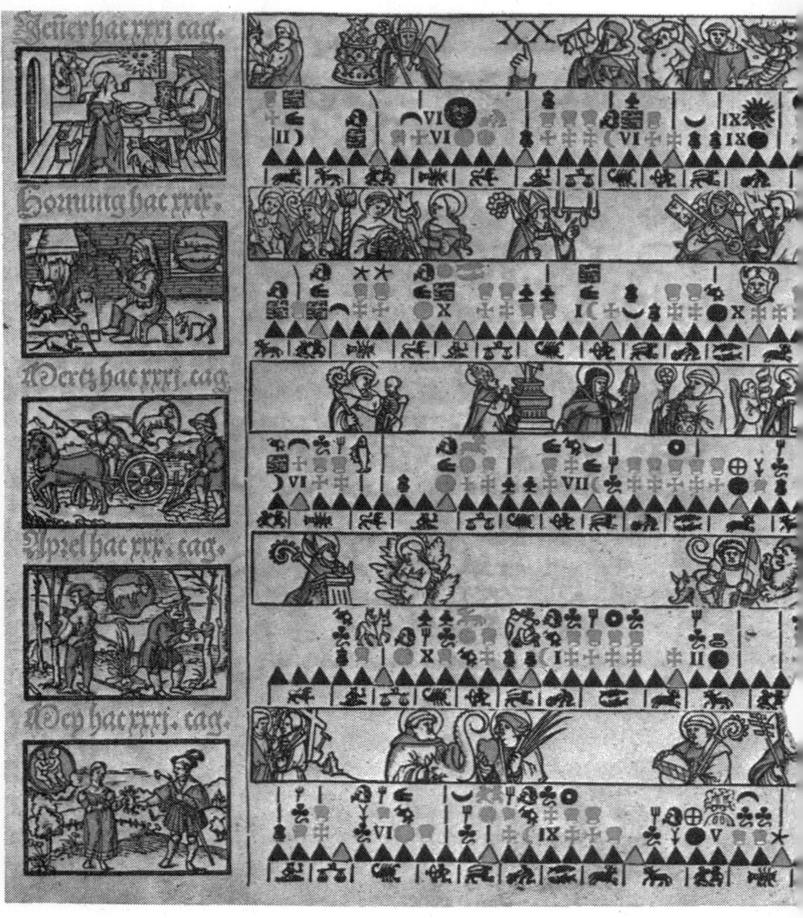

Bauernkalender auf das Schaltjahr 1544, Einblattdruck des Ratsdruckers Christoph Froschauer, Zürich 1544. Ostersonntag 13. April: das 13. Dreieck in der 4. Reihe, mit Kreuzfahne darüber.

sah man den ganzen Kosmos der eingewurzelten Zeitordnung vor sich, eine Mischung aus Glauben und Aberglauben, Erfahrung und

Vorurteil, die sich durch keine Mathematik erschüttern ließ. Den katholischen Heiligenkult bekämpfte die Reformation, an Veränderungen des Kalenders dachten auch ihre Vorkämpfer nicht[175].

Protestantische Historiker setzten jedoch seit 1559 eine neue Art von Großjahr durch, das *Jahrhundert*. Als die sogenannten Magdeburger Zenturiatoren in einem vielbändigen Gemeinschaftsunternehmen darstellen wollten, wie die Papstkirche die Botschaft Jesu Christi verfälscht habe, teilten die Herausgeber einzelnen Bearbeitern übersichtliche und gleichmäßige Intervalle zu, hundert Jahre pro Band. Sie wollten damit gewiß nicht den Brauch der katholischen Jubeljahre nachahmen, mit dem Bonifaz VIII. die Erinnerung an Christi Geburt festlich beging; schwerlich dachten sie an die *annorum centenarii* Alexanders von Roes, mit deren Ende die Welt eben jetzt, im 16. Jahrhundert, hätte untergehen sollen. Die neue Jahrhundertzählung war zuerst nicht mehr als ein technischer Notbehelf, verstärkte allerdings bald die Neigung der Historiker, Ereignisse und Zeugnisse auch dann nach der Zeitfolge einzuordnen, wenn man für sie keine feste Jahreszahl kannte – und das waren noch immer die meisten. Der Zeitbegriff der Zenturien stand dem kopernikanischen nicht näher als der Herodots dem platonischen[176].

Das katholische Konzil von Trient ließ sich durch die Fortschritte der Mathematik irritieren. Zwar schärfte es allen Priestern von neuem ein, sie müßten den *computus ecclesiasticus* lernen. Welchen aber, den vulgären nach Durand oder den astronomischen nach Kopernikus, wußten die Konzilsväter selbst nicht. Um ihnen die Entscheidung abzunehmen, mußten erst reformfreudige Päpste kommen. Auch sie warteten damit, bis sich die kopernikanische Überzeugung vom regelmäßigen Gang der Weltmaschine verbreitete, fast bis zum Ende des dritten, einst durch Abbo von Fleury errechneten Osterzyklus. Papst Gregor XIII. wagte im Februar 1582 die ›Gregorianische Kalenderreform‹, die im Oktober 1582 zehn Tage unterdrückte, den Frühlingsanfang auf den 21. März festsetzte, den Wegfall von Schalttagen neu regelte und bis heute unseren Kalender bestimmt. Sie erkaufte erhöhte Präzision durch verringerte Konsequenz. Der Papst verband die Reform mit einer

Neufassung des Heiligenkatalogs und des Meßbuchs, in das Anleitungen zur Zeitrechnung aufgenommen wurden. Die wenigsten Katholiken befragten diese Tabellen und die Liste der Heiligenfeste im ›Missale Romanum‹; die meisten schauten wie alle anderen im Taschenkalender nach. Gar die europäischen Fürsten entschieden sich für oder gegen den neuen Kalender nach religionspolitischen, nicht nach gelehrten Kriterien. Nun zerstritten sich die christlichen Konfessionen auch noch um den Zeitpunkt, an dem sie der Geburt und der Auferstehung ihres gemeinsamen Erlösers gedachten[177].

Der italienische Ketzer Giordano Bruno, ein Bewunderer von Kopernikus, rühmte 1585 in einer Satire den heidnischen Gott Merkur als Orakel der Mathematiker und *compotista mirabile*; aber in den unendlichen Welten des Mythos, die sich Bruno ausmalte, herrschten phantastischere, irrationalere Zeichen als die der Schulmathematik, die er verachtete[178]. Auf Erden regierten die dürren Jahreszahlen so lebensfremd, daß der französische Adlige Michel de Montaigne um 1585 gegen die Reform protestierte. Seine bäuerlichen Nachbarn teilten ihr Tagewerk so wie zuvor ein; er selber befand sich »in den Jahren, wo wir anders zählen«, wo man »nicht mehr die Zeit hat, ein anderer zu werden«. Wir haben nun einmal keine andere Zeitrechnung, *compte du temps*, als das Sonnenjahr; so uralt es ist, so ungenau bleibt es. Wozu also rechnen und bessern? Das neuere Französisch fand für das Wort ›Komputist‹ keine Verwendung[179].

Die nächste Zukunft gehörte einer neuen Wissenschaft, für die sich das erst im 16. Jahrhundert geschaffene humanistische Kunstwort *Chronologia* einbürgerte. Ihr Begründer wurde der französische, in die Schweiz und die Niederlande geflohene Calvinist Joseph Justus Scaliger, der berühmteste Gelehrte seiner Zeit. Zunächst edierte und kommentierte er 1583 zehn Anleitungen verschiedener Völker und Zeiten zur Kalenderberechnung, hebräische, äthiopische, koptische, syrische, arabische, griechische, armenische, lateinische; er nannte sie alle *computi annales*, obwohl er wußte, daß das Wort *computus* spät, nicht vor Firmicus Maternus bezeugt war. Seiner verbessernden und zusammenfassenden Darstellung gab Scaliger gleichfalls, wenigstens in Kapitelüberschriften, den Namen *computus* und interpretierte ihn als *doctrina annalis*, Jahrlehre. Der mittelalterliche Titel verhieß noch einmal, daß die Summierung aller *computi* zu der einen zeitlosen Wahrheit hinter den vielen zeitgebundenen Meinungen führe[180].

Scaliger selbst ließ diese Hoffnung fahren, 1606 in dem abschließenden Hauptwerk ›Thesaurus temporum‹. Zu Beginn rekonstruierte und edierte er das älteste Grundbuch christlicher Zeitrechnung, die Chronik von Eusebios und Hieronymus samt Fortsetzungen. Den modernsten Kalender, den arabischen, hob er sodann hervor; damit ihn Reisende und Kaufleute in der Türkei zu handhaben wüßten, stellte er die Hauptregeln mit Merkversen in einem *computus manualis* zusammen. Doch hielten weder die Modernen noch die Antiken die ganze Wahrheit in der Hand. Was zu tun blieb, betraf nicht mehr göttliche oder natürliche Zeitenordnung, Ursprung und Ziel von Zeit an sich, sondern historische Fixierung des Faktischen, und zwar weit genauer, als es die vage Jahrhundertzählung der Magdeburger Zenturien versucht hatte. Da Scaliger Zeit als »Intervall der Himmelsbewegung« verstand, mußten sich moderne *chronologi* nach seiner Ansicht auf die Fortschritte der Astronomen stützen. Gleichwohl hielt er die Alfonsinischen Tafeln für präziser als die Kopernikanischen; das Neueste war nicht das Beste.

Rechnen allein verfehlte das historische Ziel, auch Messen half bloß im Moment. Neben den Naturwissenschaften mußten Geisteswissenschaften beteiligt werden, die die Erinnerungen bewahrten. Mit philologischer Kritik konstruierte Scaliger aus Ereignissen, die von möglichst alten Geschichtsschreibern überliefert waren, ein Gerüst fester Zeitpunkte. Es bestand nicht mehr aus fortlaufenden Jahresreihen, sondern aus einmaligen Tagen. Sie setzten Einschnitte, Epochen, die Späteren zur Datierung dienten: die Zerstörung Trojas und der Beginn der griechischen Olympiadenrechnung, die Gründung Roms und der Anfang des römischen Kalenderzyklus, der biblische Schöpfungstag und Christi Geburtstag, Muhammeds Flucht aus Mekka und die Ära der Seldschuken. Scaligers Chronologie numerierte keine natürlichen Kreisläufe, sie markierte Höhepunkte menschlichen Handelns, die nachmals zu Anhaltspunkten für historisches Denken wurden. Kurz, sie konstituierte geschichtliche Zeiten.

Der früheste Ausgangspunkt war der unsicherste. Für die Erschaffung der Welt kam Scaliger auf das Jahr 3949 vor Christus, fast genau dieselbe Zahl wie einst Beda, doch ohne dessen Ehrgeiz, den wirklichen Ursprung der Weltgeschichte festzustellen, lediglich mit der Absicht, alle erwartbaren Epochen ineinander umzurechnen. Um dafür Spielraum zu gewinnen, nahm Scaliger für das gesamte *tempus historicum* eine Periode von 7980 Jahren an, das Produkt aus den drei gängigsten Jahreszyklen der Antike, 28 für den Sonnenlauf, 19 für die Mondbahn, 15 für die Indiktion. Er ließ diese Periode am 1. Januar 4713 vor Christus beginnen, lange bevor die Bibelzeit einsetzte. Als ihn glaubwürdige altägyptische Nachrichten noch weiter zurück ins Niemandsland drängten, schaltete er ein *tempus prolepticon* vor, eine weitere Rechnungseinheit von 7980 Jahren, *more mathematicorum*.

Indem Scaliger für eine ›Vorzeit‹ *in infinitum* und für eine mindestens ebensolange Zukunft Platz schuf, löste er die Chronologie von der Absolutheit und Ursprünglichkeit aller Glaubensbekenntnisse und band sie an Relativität und Fortschritt von zwei technischen Verfahren, astronomischer Zeitmessung und philologischer Quellenkritik. Als Calvinist kritisierte er die Gregorianische Kalenderreform, weil sie ihm nicht weit genug ging. Vollends im mittelalterlichen *computus ecclesiasticus* entdeckte er keine historischen Wahrheiten, nur »Träume der alten *computatores*, an Albernheit unüberbietbar«[181]. Katholische Gegner Scaligers verfielen, um die christliche Zeitrechnung zu retten, auf den Ausweg, mit Jahren »vor Christi Geburt« zu operieren, und diese schon von Beda benutzte Zählung setzte sich durch, nicht weil sie das erste Weihnachtsfest als Angelpunkt der Heilsgeschichte hervorhob, sondern weil sie das unsichere Datum der Welterschaffung umging[182].

Das 17. Jahrhundert, die Epoche der Manufaktur, baute schon Rechenschieber und Rechenmaschinen. Bereits seit dem 14. Jahrhundert, seitdem an planetarischen Uhren künstliche Hähne krähend und flügelschlagend agierten, waren Zeitanzeiger und Automaten miteinander verquickt. Konnten jetzt Automaten nicht auch

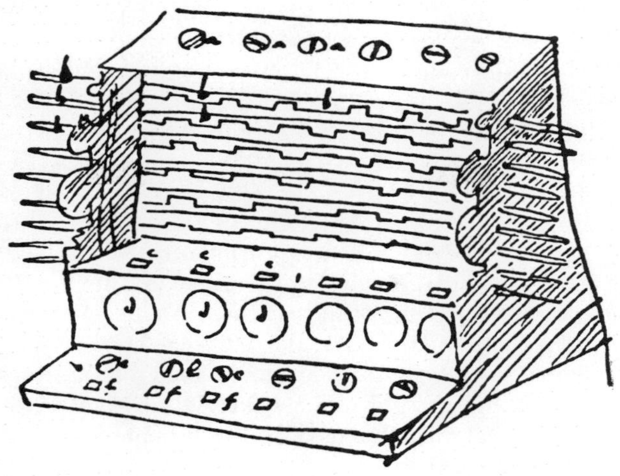

Schickards Rechenmaschine, von ihm in einem Brief an Kepler skizziert, Tübingen 25. 2. 1624, heute im Kepler-Nachlaß, Sternwarte Pulkowo-St. Petersburg. Die Maschine bestand aus drei getrennten Teilen. Zum Hauptteil, dem Rechenwerk für Addition und Subtraktion in der Mitte, gehören die hinter ddd verborgenen Zahnräder und ihre Ablesefenster ccc. Von den Walzen des oberen Einstellwerks, das für Multiplikation und Division benutzt wird, sind die Drehknöpfe aaa und die Schieber bbb zu sehen. Die Scheiben des Zählwerks unten erkennt man an den Drehknöpfen eee und ihren Ablesefenstern fff.

die Zeit berechnen, auf den Spuren von Kopernikus und Scaliger? Die erste moderne Rechenmaschine, von dem Tübinger Orientalisten und Mathematiker Wilhelm Schickard 1623–24 entworfen, sollte in der Tat die chronologischen und astronomischen Arbeiten von Johannes Kepler unterstützen. Was sein Freund *logistice* unternehme, versuche er *mechanice*, schrieb ihm Schickard. Sein *arithmeticum organum* war dafür schlecht geeignet, denn es konnte höchstens sechsstellige Zahlen automatisch zusammenrechnen, *datos numeros statim automatos computet. Computare* bedeutete immerhin alle vier Grundrechenarten. Die Technik stellte sich in den Dienst der Theorie[183].

In praktischer Absicht erfand und bastelte dann der junge

Blaise Pascal, Sohn eines Steuerpächters, 1642–45 eine *machine d'arithmétique*. Er wollte dem *calculateur*, zumal dem Finanzbeamten, das geisttötende Geschäft abnehmen, zur Verrechnung von Geldern viele Rechensteine, *jetons*, auszulegen oder lange Zahlenreihen anzuschreiben. Die Zählwerke der Addiermaschine entsprachen denn auch dem zeitgenössischen Währungssystem. Obwohl Pascal sie mit einer Taschenuhr, *montre*, verglich und ein Uhrmacher, *horloger*, sie ihm nachbaute, empfahl er ihre Benutzung nicht den Zeitrechnern. Warum nicht? Pascal trennte, vollends nach seiner Bekehrung 1654, mit augustinischer Schärfe gesunden Menschenverstand und mathematische Methode von kreatürlichem Geist und religiöser Betrachtung. Mit Zeit und Zahl wissen wir im Alltag richtig umzugehen; aber ihre aristotelische Definition verdreht uns den Kopf. Der Mensch schwankt zwischen unendlich Kleinem und unendlich Großem, Nichts und All. Allein in Gottes Unermeßlichkeit fallen die Extreme der Zeiten und Zahlen wahrhaftig zusammen; wir erkennen in diesen Abgründen nur Wahrscheinlichkeiten. Den Juden darf man abnehmen, was sie seit viertausend Jahren beteuern, daß sie das älteste aller Völker seien, doch Weltschöpfung und Heilsgeschichte sind Glaubensartikel, keine Rechenexempel.

Pascal wandte sich gegen die rationalistische Mode seines Jahrhunderts, die unter dem Einfluß von Descartes den Menschen als Mechanismus aus Leib und Seele verstand und darum für berechenbar hielt. Vielmehr sei der nach Gottes Bild geschaffene Mensch Geistwesen aus Vernunft, bloß aus Gewohnheit *automate*; von anderen Lebewesen, die völlig automatisch handelten, unterscheide ihn die denkende Seele. Auf wessen Seite stand dann ein rechnender Automat wie Pascals Maschine? »Die *machine d'arithmétique* erzielt Wirkungen, die dem Denken näherkommen als alles, was Tiere tun.« Der Rechenautomat erschien als Sinnbild menschlicher Genialität inmitten absolutistischer Zwänge; doch fehlte künstlicher Intelligenz sogar der simpelste animalische Wille. Damit blieb der Abstand zwischen Lebewesen und Werkzeugen gewahrt[184].

Die vielen Europäer, die im 17. und 18. Jahrhundert Rechenmaschinen erfanden und erprobten, legten das Hauptgewicht nach dem Vorbild von Leibniz auf die mathematische Theorie und wollten lediglich den Geist hervorragender Denker von mechanischer Routinearbeit befreien. Deshalb nannten sie ihre handwerklichen Erzeugnisse nie Denkmaschinen, sondern lateinisch *machina arithmetica*, französisch *machine d'arithmétique*, englisch *Calculating Machine*, deutsch *Rechnungs-Maschine*, nachher *Rechenmaschine*. Für astronomische Zwecke war manche gedacht, für komputistische wurde keine gebraucht. Der deutsche Jesuit Kaspar Schott baute um 1660 in sein *organum mathematicum* noch Rechenstäbe für die Osterbestimmung ein, doch zog er das Wortfeld von *computus* nicht mehr wie Schickard heran[185].

Denn im 17. Jahrhundert befaßten sich mit Zeitrechnung im alten, komputistischen Sinn fast nur noch Autoren volkssprachlicher Kalender; danach hießen Zeitrechner fortan im Deutschen *Kalendermacher*. Herausgegriffen sei der berühmteste, der katholische Dichter Jakob Christoffel von Grimmelshausen. Sein ›Ewigwährender Calender‹ brachte 1670 in der ersten von sechs Spalten, auf die einzelnen deutsch benannten Tage verteilt, ein Martyrologium mit nahezu sechstausend Heiligennamen. Die zweite Spalte berichtete, mit lateinischer Tagesdatierung, *allerhand Historien*, Heils- und Weltgeschichte für den gemeinen Mann. Da stand zum 18. März, *XV. Calendas Aprilis: Diß ist der erste Tag der Welt, an welchem Gott Himmel und Erden erschaffen hat, nemblich uff einen Sontag*. Zum selben Tag hieß es: *Anno 1502 erhub sich der Bundschuch oder Bawren-Krieg umb Speyr und Bruchsall*. Erhabene Urzeit und gegenwärtige Not schoben sich ineinander. Die dritte Spalte widmete sich dem Augenblick; sie sammelte Bauernregeln für das Wetter des Tages und Erzählungen, so kurz wie die gezählte Zeit: ›Kalendergeschichten‹.

In der vierten Spalte lief fast durch das ganze Jahr ein gelehrter Dialog, *die Calender-Macherey und was deme anhängig betreffent*, ein regelrechter *computus*; nur nannte ihn Grimmelshausen nicht mehr so. Da erklärte der *Calendermacher* mit Aristoteles (in Wahrheit eher mit Platon), daß Zeit *eine Zahl oder Weite der obersten Corporis* (!) *deß Himmels* sei. Er trug die Ansichten der Juden und Christen zusammen, nach denen Gott die Welt irgendwann zwischen 3707 und

Agricola Bischoff zu Cabilonæ.
Wittburg Jungfr. in England.
Eugenius, Pamphilianus, Castor und Serenus martyrer zu Nicomedia.
Collegius Diacon, wie auch Rogatus und Satyrus martyrer zu Alexandria.

G ♀ Der 18. Mertz.

Alexander Bischoff und Martyrer zu Jerusalem.
Gabriel ErtzEngel.
Cyrillus Bisch. zu Jerusalem.
Anshelmus Bisch. zu Mandua.
Salvator, Franciscanus.
Eduardus König und Martyr. in England.
Narcissus Bisch. und Martyrer zu Augusta.

A Der 19. Mertz.

Joseph Pfleger Christi Mariæ Gemahl. XIII.
Johannes Abbt und Beichtiger.
Calocerus Martyrer.
Apolonius / Bassus / Sorentus und Leontius.
Theodorus Bisch zu Cæsarea.
Lactinus Bisch. in Irrland.
Maria Magdalenæ Erhebung von Aquitania in das Vercelliacensische Closter.
Menignus Walcker und martyr.
Amandus Diacon zu Gent.
Landoaldus Priester daselbsten.
Sybillina Jungfraw Dominicaner-Ordens.

B Der 20. Mertz.

Archyppus S. Pauli Gesell.
Eut-

die Hexen/solche Kunst aber nicht köndest (wie du sie dann auch keineswegs können noch lernen solst.) So nimb Molten Blätter / thue sie in ein newen Haven / decke ihn beheb zu / setze ihn unter die Erden daß er nit außdämpffen mag / so werden in kurtzer Zeit Frösch auß den Blättern.

XV. Calendas Aprilis.

Diß ist der erste Tag der Welt/ an welchem GOtt Himmel und Erden erschaffen hat; Nemblich vff einen Sontag.

An diesem Tag hat der HErr JEsus zween Blinde erleuchtet. Matth. 20.

Anno 1502. erhub sich der Bundschuch oder Bawren-Krieg umb Speyr und Bruchsall; Mit eim Wort ihr Meinung war selbst Herrn zuseyn/ aber sie wurden zertrendt/ hin und wider vff mancherley Weeg hingerichtet.

XIIII. Calendas Aprilis.

Diesen Tag hat GOtt das Firmament erschaffen am einem Montag.

Maria Magdalena hat diesen Tag den HErrn JEsum zu Betania gesalbet. Joan. 12.

Ist auch auff diesen Tag geschehen die Vermählung Josephs mit Maria der ewigen Jungfrawen und Gebärerin Gottes; an welchen Tag er Joseph auch auß dieser Welt geschieden.

Eysen und Staal zuhärten.

Nimb Regenwürmb/Senff-Saamen und Rettig-Safft thue es undereinander/ laß beym Fewr ein wenig erwallen/ mach Staal oder Eysen glühend/ stosse es hinein/ so bekombt es ein solche Härtung/ daß du ander Eysen mit schneyden und bohren kanst.

XIII. Calendas Aprilis.

AN diesem Tag hat GOtt die Wasser gesamblet. Item

Simplicissimus.

Lieber Pfetter ich habs so wollen haben / last der guten Mutte auch ein wenig Ruhe.

Knan.

Ja ihr werdet grossen Nutze darvon haben / wann Regen ein fiele und uns das öhmbt verdübe/man muß drauff trucken wan die Sonn scheinet / weil alsdan ein Narr mehr Futter dörre kan / als sonst zehen Docte wanns regnet: Es heist was vo Michaëlis nit geöhmbtet werde das müsse man hernach öhmbrlen daß ist/ daß öhmbt bettelhaffti und sehr langsamb einmachen unnd wird doch nichts guth drauß/ sonder keinützig-wetter farbig roth Ding/ dz nachgehent wann mans im Winter fütter muß / den Kühen ein gantz Jah nachgehet / und nit wenig an de Milch schadet / wann sie ander ster nit gar kranck darvon werde

Simplicius.

Es wird drumb eben nicht s gleich regnen.

Knan.

Was? ich will mein Kopff ve wetten wo es noch 3. Tag schö bleibt/ dann ich habs ja gester wo am Heyland (so nennen die Bawren vff den Schwartz-Walt un im Preyßgaw den Mon / wan sie jhn ehrerbietig nennen wollen gesehen: gehe nur hin Mutte zum Gesind wañ du gleich nicht thust / als zusehen/ so werden doc sie desto fleissiger seyn: indesse will ich mit dem Knecht in Wal und ein baar Plöcher mit den a ten Ochsen herab schleiffen.

Sim

Grimmelshausens Datierung der Weltschöpfung, Ewig-währender Calender, Nürnberg 1670.

6984 vor Christus schuf. Umständlich besprach er die christliche Osterberechnung, *daran das meiste bey dero Calendermacherey gelegen ist.* Er bot sogar eine kurze Weltgeschichte des Kalenders und seiner Reformen. Die letzten zwei Spalten erörterten, ebenfalls fortlaufend, Astrologie und Wahrsagerei. So lebte die karolingische Trias von Martyrolog, Chronik und Computus wieder auf, allerdings als abgesunkenes Kulturgut, in der anrüchigen Gesellschaft von Wettermachern, Sterndeutern und Wahrsagern. Sie waren gemeint mit der bei Grimmelshausen selbst schon anklingenden Redensart: »Du lügst wie ein Kalendermacher«[186].

In England forderte der skeptische Arzt Sir Thomas Browne 1646 in Montaignes Manier, man solle *the exact compute of time* gar nicht erst versuchen und sich mit dem *common and usual account* begnügen. Abschreckend wirkten gelehrte Rechthabereien, die das undurchdringliche Dunkel der Ursprünge aufzuhellen wähnten, die *Calculation* der Alten, etwa Bedas, und die *Chronology* der Modernen, etwa Scaligers. Noch verdrießlicher waren populäre Mutmaßungen, *the calendars of these Computers*, Wetterregeln von Kalendermachern, die nicht einmal merkten, daß der Gregorianische Kalender nur in romanischen Ländern eingeführt war, während Großbritannien und Teile Deutschlands an der Julianischen Datierung festhielten. Und solche *Computists* sträubten sich gegen den gewöhnlichen *account*, nach dem das Jahr 365 Tage zählte[187]. Es sollte noch ein Jahrhundert dauern, bis sich die Engländer zur Einführung des neuen Kalenders durchrangen. In neuenglisch *Computer* und *Computist* klangen mittelenglisch *compute* und mittellateinisch *computista* nach; doch nahm Browne den Komputisten den letzten Rest jener Reputation, die ihnen Beda neunhundert Jahre zuvor verschafft hatte.

Das Wort *Computer* tauchte 1704 noch einmal auf, in einer Satire von Jonathan Swift. Er aber griff statt der mittelalterlichen Komputistik weit vorauseilend die neuzeitliche Informatik an und spottete über moderne Gelehrte, die im Unterschied zu den Antiken nichts lesen und denken, nur alles sammeln. Sie studieren Bücher von hinten, blättern bloß in Zusammenfassungen und Registern und machen daraus viele weitere Bücher, obwohl alle wirklich neuen

Ideen bequem in einem einzigen Band Platz fänden. Swift behauptete das von einem *very skillful Computer* zu wissen; der habe es nach den Regeln der Arithmetik bewiesen. In Wahrheit verstand dieser *Computer*, ein fortschrittsgläubiger Theologe, nichts von Zahlenkunde und Zeitrechnung; er produzierte Bücher zuhauf und profitierte von der herrschenden Mode[188].

Swift führte 1726 die riesige Maschine eines Pläneschmieds vor, angeblich nach sorgfältiger *Computation* konstruiert und von 40 Mann bedient, mit deren Hilfe »der unwissendste Mensch zu vernünftigem Preis und mit wenig Körperarbeit Bücher über Philosophie, Poesie, Politik, Recht, Mathematik und Theologie schreiben kann, ohne die mindeste Unterstützung durch Begabung oder Fleiß«. Wollte man 500 solche Automaten bauen, so besäße die Welt bald ein Corpus sämtlicher Wissenschaften und Künste. Das Gerät, das alle Wörter der Sprache gespeichert hatte und sie immer neu zusammensetzte, würde heute als Computer zur Verarbeitung nichtnumerischer Daten bezeichnet. Daß die Schreibmaschine denselben Namen wie der Schriftsteller erhalten könnte, argwöhnte damals nicht einmal der bissige Swift[189]. Trotzdem attackierte seine Satire den Grundgedanken der Rechenmaschine und verband ihn mit dem Begriff *Computer*. Die Zeit des Geräts und seines Benutzers war der geschichtslose Moment statt der Universalhistorie, seine Zahl die massierte Quantität anstelle qualitativer Gewichtung, seine Sprache ein Zeichensystem ohne tiefere Bedeutung.

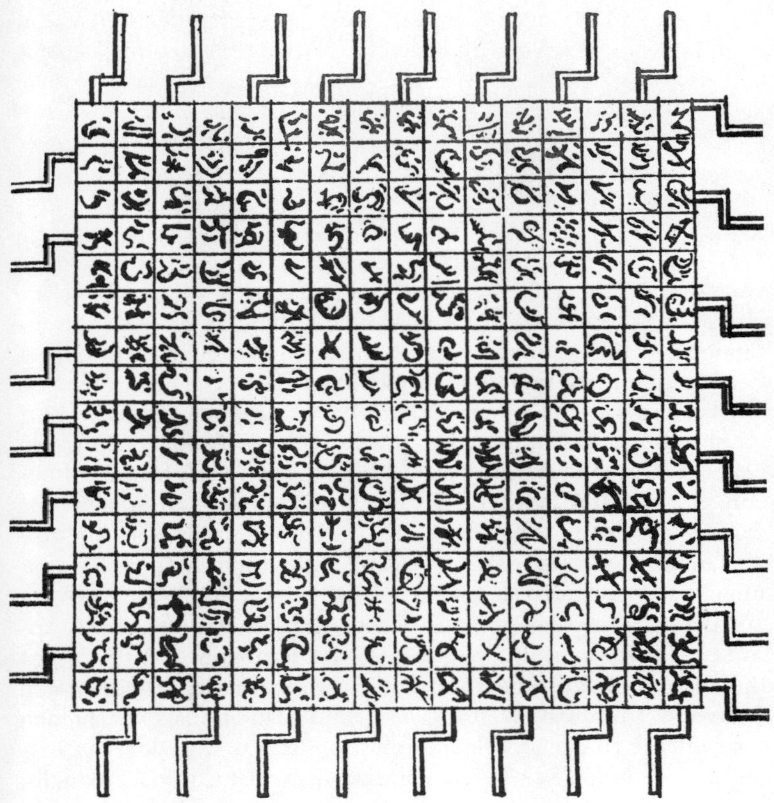

Swifts Schreibmaschine für Pläneschmiede, von ihm entworfener Kupferstich in der Erstausgabe von Gulliver's Travels, London 1726. Die Zeichnung vereinfacht, denn 256 Würfel mit je 6 Seiten reichen nicht aus, um alle Worte einer Sprache aufzuschreiben; auch sind von den 40 Kurbeln nur 31 zu sehen. Die Schreibung der Worte ist eine phantastische Mischung aus Hebräisch, Arabisch und Chinesisch.

Chronometrie und Industrialisierung im 18. und 19. Jahrhundert

Im 18. Jahrhundert kündigten sich Neuerungen im europäischen Zeitbewußtsein an, die zu ungleichmäßig und zu langsam durchdrangen, als daß man von einer Revolution sprechen könnte. Aber der vierzehnhundertjährigen Geschichte des Computus machten sie den Garaus. Zwei gegenläufige Entwicklungen in der technischen Chronometrie und der historischen Chronologie wirkten dabei zusammen. Französischen und englischen Uhrmachern gelang im Lauf des Jahrhunderts der Bau von Präzisionsuhren. Sie zeigten die Sekunden nicht bloß auf dem Zifferblatt an, sie gingen auch auf die Sekunde genau und verdienten ihren neuen Namen, französisch *chronomètre* seit 1701, englisch *Time-Keeper* seit 1686, *Chronometer* seit 1735. Erst die Chronometer lösten den Anspruch der Zeitmessung ein, den die Räderuhr seit dem 14. Jahrhundert erhob, und bescherten dem Zeitalter der Expeditionen weltweite Mobilität. Denn Kriegs- und Handelsmarine erhielten Instrumente zu genauer Standortbestimmung und gezieltem Ortswechsel auf hoher See[190]. Die Perfektion, die der Ortszeit zuwuchs, kam der Weltzeit abhanden. Das Interesse der Gelehrten an chronologischer Bündelung historischer Jahresreihen erlahmte, weil der eine Ursprung der weitverzweigten Weltgeschichte nicht auszumachen war. Offenbar reichte keine Zeitskala der Antike zum wirklichen Anfang zurück; die schon von Scaliger erschütterte jüdisch-christliche Zeitrechnung hielt dem Vergleich mit Nachrichten aus Ägypten und China nicht stand.

Beide Entwicklungen wurden gestützt durch eine philosophische Wendung, die den platonischen Zeitbegriff reaktivierte. Isaac Newton hatte Zeit 1686 noch radikaler zweigeteilt als Abbo von Fleury um die Jahrtausendwende, in eine mathematisch-chronometrische und eine historisch-chronologische: »Die absolute, wahre und mathematische Zeit fließt in sich und nach ihrer eigenen Natur gleichmäßig *(equably)*, ohne Beziehung auf irgend etwas Äußeres; sie wird mit anderem Namen Dauer genannt. Die relative, sichtbare und gewöhnliche Zeit ist ein wahrnehmbares und äußeres Maß der Dauer mittels Bewegung, sei es nun genau oder ungleichmäßig, dessen man sich gewöhnlich anstelle der wahren Zeit bedient, so etwa die Stunde, der Tag, der Monat, das Jahr.« Die Forschung fand ihren Platz auf Seiten der Wahrheit, nicht der Gewohnheit.

Gottfried Wilhelm Leibniz widersprach Newton 1703 und weigerte sich, die Zeit, etwas bloß Relatives, von den nacheinanderkommenden Ereignissen, insbesondere den Lebensphasen des Individuums zu trennen. Trotzdem verwarf auch er die aristotelische Theorie, weil er historische wie mathematische Zeit als Kontinuum verstand: »Die Gegenwart ist schwanger mit der Zukunft und beladen mit der Vergangenheit.« Freilich entspricht die Folge menschlicher Vorstellungen »niemals dem Lauf der Zeit, die ein gleichmäßiges und einfaches Kontinuum ist, wie eine gerade Linie«. Wohl könnten wir die Zeit mit Aristoteles als Maß der Bewegung ansehen, gleichmäßige Bewegung als Maß der ungleichmäßigen, und Dauer durch die Zahl periodischer Bewegungen erkennen, zum Beispiel durch soundsoviele Umläufe der Erde oder der Sterne. Davon (wie von Platons Sphärenharmonie) bleibt jedoch nichts Dauerhaftes, wenn die Bewegungen der Himmelskörper selbst, wie Nikolaus von Kues geahnt hatte, zeitlichen Veränderungen unterliegen. Das gilt zweifellos für die täglichen Sonnenumläufe, für die jährlichen vielleicht auch.

Dann ist es nicht sonderlich verständig, mit Scaliger in der Weltgeschichte gleichbleibende Jahreslängen vorauszusetzen. Die Julianische Chronologie, die durch eine Vorschaltperiode das Mögliche mit einbezog, leistete gewiß mehr als die biblische, die die wirklich seit Anfang der Welt verflossenen Jahre nicht in einer Zeitreihe zu summieren verstand. Niemand verkürzt ungestraft die langwierige Evolution der Welt, bei der die Natur keine Sprünge macht, auf ein Ursprungsjahr. Fast ebenso vermessen ist die Frage, wie lange in Scaligers Vorzeit ein Tag und ein Jahr gedauert habe, »bevor es Tage, Nächte und Jahre gab, die durch einen Sonnenumlauf bezeichnet wurden«. Noch die gegenwärtige Zeitbestimmung steht, allen Fortschritten zum Trotz, unter dem Vorbehalt eine Veränderlichkeit, die seit jeher gewirkt haben dürfte, uns aber erst künftig bewußt werden könnte. »Die Erdumdrehung um ihre Achse ... ist bis jetzt unser bestes Maß, und Turm- und Taschenuhren *(les horloges et montres)* dienen uns dazu, es zu teilen. Indessen kann auch diese tägliche Erdumdrehung sich im Lauf der Zeiten ändern.« Ein Kontinuum wie die Zeit läßt sich gar nicht auf Periodizität gründen, auch nicht auf die Zahlen; sie sind einander weit unähnlicher als die Zeiten. Wenn die aristotelische Verbindung zwischen Zeit und Zahl aufgelöst wird, ist auch die historische Zeit nach anderen als chronologischen Regeln zu gliedern[191].

Giambattista Vico versuchte seit 1725 in einer *tavola cronologica* den jüdischen Altersvorsprung zu retten und die viertausend vorchristlichen *anni del mondo*, die das Alte Testament spiegelte, als objektiv richtig zu erweisen. Aber dann legte er dar, daß die ältesten Zeitalter allenthalben Ernterhythmen zählten, nicht Jahre. Als Urheber von Zeitreihen schilderten die frühesten Mythen Götter wie Saturn – Kronos – Chronos, den Gott der Saat und der Zeit, oder Heroen wie Herkules, der durch Brandrodung Raum für den Ackerbau gewann und die Olympiaden ersann. Wenn Astronomie und Mathematik, somit rationale Zeitmessung und Zeitrechnung erst tausend Jahre nach der Sintflut bei den Chaldäern aufkamen, bot auch die Bibel keine Meßdaten für die mythische Zeit davor. Dann war die phantasievolle *cronologia poetica* der verschiedenen Völker in eine Typenfolge, sogar in einen Kreislauf, aber nicht auf eine Zahlenreihe zu bringen. Verfing sich schon Scaligers moderne Chronologie in der Mythologie, dann Bedas mittelalterliche Komputistik noch mehr[192].

Rechte Seite: Nürnberger Ratskalender für das Schaltjahr 1772, gedruckt beim Ratsdrucker Johann Joseph Fleischmann, Nürnberg 1772. Wappenschilde der Ratsherren, Sonntagsbuchstaben, Tagesheilige, Tierkreiszeichen, Wetterprognosen.

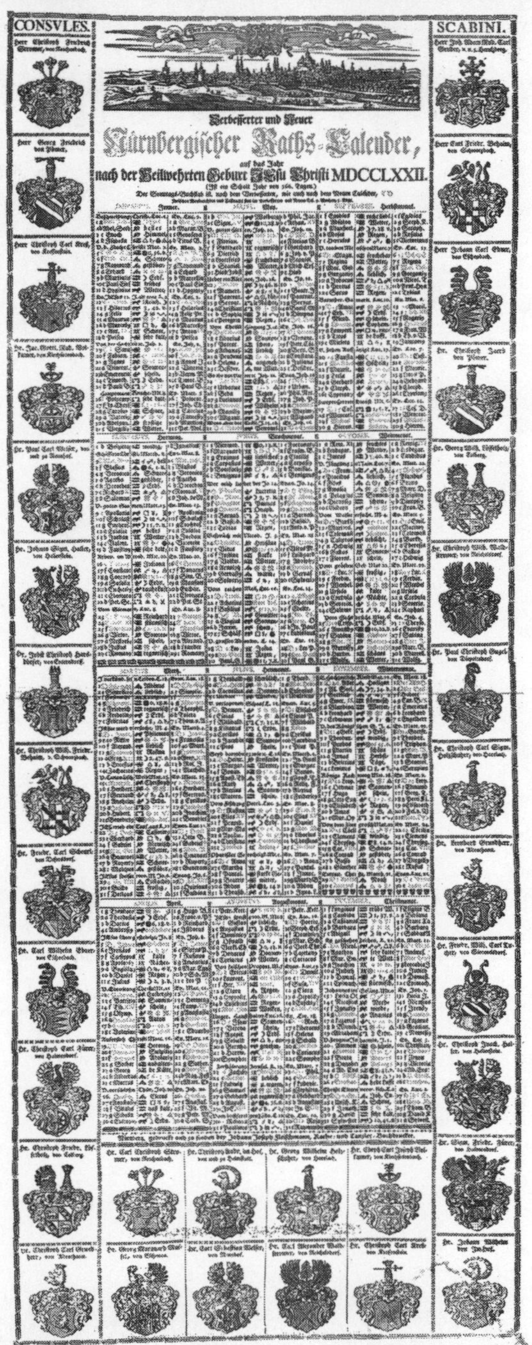

CONSULES. SCABINI.

Verbesserter und Neuer

Nürnbergischer Raths-Calender,

auf das Jahr

nach der Heilwehrten Geburt JEsu Christi MDCCLXXII.

(Ist ein Schalt Jahr von 366. Tagen.)

Der Sonntags-Buchstab ist, nach dem Verbesserten, wie auch nach dem Neuen Calender, ED

Jenner. Mey. Herbstmonat.

Der Französische Revolutionskalender, Kupferstich von Louis-Philibert Debucourt, Paris 1794, heute Louvre Paris. Die Revolution mit Jakobinermütze, aus einem astronomischen Buch lesend und diktierend, zu ihren Füßen eine einfache Sonnenuhr und alte Urkunden, eine mit der Überschrift ›Calendrier Gregorien‹.

Allenfalls ließ sich vermuten, daß einige Völker früher als andere perfekte Zeitmessung übten. Wie es Vico von den altjüdischen Patriarchen glaubte, so Voltaire 1756 von den altchinesischen Astronomen. »Sie erfanden *un cycle, un comput*, der 2602 Jahre vor dem unsrigen beginnt. Haben wir das Recht, ihre einmütig angenommene *chronologie* zu bestreiten? Wir haben sechzig verschiedene Systeme *pour compter les temps anciens*, also haben wir keines.« Voltaire spottete bloß noch über christliche *chronologistes*, die den biblischen Ansatz verteidigten, und verhöhnte die Jahreszählung nach Christi Geburt als *notre ère vulgaire*. Sie war eine Erfindung von Epigonen und Ignoranten, wie Newtons Entdeckungen zur Himmelsmechanik endgültig erwiesen. Aber wie alt die Weltgeschichte war, das wußte Voltaire nicht und wollte es nicht wissen, sondern »die universale Vorgeschichte der französischen Bourgeoisie schreiben«[193].

Deutsche übersetzten Chronologie mit dem schon Kepler vertrauten, seit 1716 grassierenden Wort *Zeitrechnung*, deuteten aber die Vorzeit noch mythischer als Italiener und Franzosen. Johann Gottfried Herder grübelte 1771/72 über dem ersten Buch der Bibel, *was für ein mühsames Werk die Zeitrechnung sei. Wieviel gehört zur Abstraktion einer Zahlenreihe? Wie noch mehr zu Bemerkung der Monate, Jahreszeiten und Jahre nach solcher wiederkommenden Tagreihe!* In die dunklen Ursprünge der Menschheit führt keine Chronologie zurück, wenn man Gott nicht als Urheber der Zeit anerkennen, *keinen Zeitrechner des Himmels, keinen Kalender in den Wolken annehmen will.* Unter den Hieroglyphen, die das Werdende symbolisierten, befand sich kein Zahlzeichen. Gar die Zeit zu berechnen lernten die Menschen erst in getrennten Völkern, Griechen anders als Römer, Juden anders als Christen. Die christliche Datierung war nur ein Vorschlag unter vielen; die Epoche des beginnenden Historismus sprach immer öfter vom *ersten Jahrhundert unserer Zeitrechnung* und von Jahrhunderten *vor unserer Zeitrechnung*, immer seltener von Jahren vor oder nach der Fleischwerdung Jesu Christi[194].

Während die Ursprünge der Welt dem Mythos anheimfielen, wurde meßbare Zeit an der Entwicklung zur Gegenwart ausgerichtet. Der französische Revolutionskalender verwarf 1793 jede religiöse Chronologie, insbesondere die christliche *ère vulgaire*, als irrational und eröffnete die freie, gleiche und brüderliche Zeit der ganzen Menschheit erst mit dem 22. September 1792. Die Einführung des metrischen Systems für Raummaße glückte schließlich global; das parallele Vorhaben für Zeitmaße gelang bei Behörden leichter als bei Privaten, in der Stadt schneller als auf dem Land. Es scheiterte an dem lokalen, auf Paris bezogenen Jahresanfang bei der Tag- und Nachtgleiche im Herbst, an den affektierten altrömischen Monats- und Tagesnamen, an der abstrakten Dezimalteilung der Tage und Stunden. Doch hinterließ es der französischen Geschichtswissenschaft fortwährende Hochschätzung für Chronologie als Vereinbarung des auf Dauer Denkwürdigen, Aufmerksamkeit auch für *histoire contemporaine* und ihre stets beschleunigten, oft überraschenden Ereignisse, in denen sich das Bleibende ebenfalls zeigte. »Das Ereignis ähnelt einem Stein, den man ins Wasser wirft; es schlägt Wellen, schwemmt vom Grund Schlamm empor, der das zutage fördert, was unter den Fundamenten des Lebens kreucht und fleucht«[195].

Der deutsche Historismus des 19. Jahrhunderts, schöpferische Antwort auf die Herausforderung der Französischen Revolution, suchte Assoziationen nicht im festlichen oder erschütternden Zeitpunkt, nicht im gegenwärtigen Geschehen, das möglichst verwaschen *Zeitgeschichte* hieß. Leopold von Ranke definierte *Epochen* der politischen Geschichte 1854 nicht als plötzliche Einschnitte; sie umfaßten mindestens eine Generation, meistens ein Jahrhundert. Jacob Burckhardt degradierte die Chronologie 1868 zum positivistischen *Werkzeug*, während die Kulturgeschichte, *die Uhr, welche die Stunde verräth*, das Dauernde aus allen Zeiten *aufsummirt*. »Die historische Zeit ist nicht nur einfach gemessene Zeit, sondern durchlebte, erlittene, erfahrene Zeit, Zeit, die nicht durch den Minute für Minute vorrückenden Uhrzeiger bestimmt wird, sondern durch den viel arhythmischeren Zeiger innerer Erlebnisse und äußerer Erfahrungen.« Ausnahmen wie Theodor Mommsen und Bruno Krusch bestätigen die Regel, die eingangs beschriebene Geringschätzung der Zeitrechnung durch die deutsche Geschichtswissenschaft. Sie räumte das Feld der sozialen Zeit und überließ es Journalisten und Antiquaren.[196]

Währenddessen nahmen die Nichtgelehrten kurzfristige Zeitspannen immer ernster, am frühesten im Bereich der Freizeit, deren ältere Gestaltung in den Verdacht der Zeitverschwendung geriet. Nach Vorstufen, die bei englischen Pferderennen bis ins 17. Jahrhundert zurückreichten, förderte das frühe 19. Jahrhundert in ganz Europa schnelle und zielgerichtete Leibesübungen voller Zeitdynamik und punktueller Spannung; es erstrebte Leistungssteigerung und maß Rekorde nach Sekunden. Die dafür benötigten kleinen Stoppuhren, spätestens seit 1825 nach dem Vorbild der Marinechronometer entwickelt, wurden von Menschen bedient, die ab 1850 überall nach ihren Meßinstrumenten hießen: *timekeepers, chronométreurs, Zeitnehmer, cronometristi.* Seitdem sind zeitliche Normierung und numerische Mechanisierung aus dem Massensport nicht mehr wegzudenken[197]. Daß Tageszeitung, Eisenbahn und Telegraph die Kommunikation über weite Strecken rapide beschleunigten, verwandelte den öffentlichen Sektor auf ähnliche Weise.

Im späten 19. Jahrhundert drangen verwandte Bestrebungen in die Arbeitswelt, zuerst in die Industrie ein. Webstuhl, Hochofen und Dampfmaschine schenkten dem Menschen keinen Arbeitsaufwand wie ältere Automaten; sie verschlangen seine Lebenszeit und setzten sie in Ware um. Als die Unternehmer zum Stückgeld- und Stückzeitlohn übergingen, um die Effizienz zu steigern, nannte man englische Vorarbeiter *timekeepers,* weil sie für den Gleichschritt von Qualität und Tempo sorgten. In den 1880er Jahren begann der amerikanische Ingenieur Frederick W. Taylor mit *Time Studies,* die den Arbeiter als lebende Maschine untersuchten. Dabei wurden alle Handgriffe mit Stoppuhren gemessen, die Arbeitskosten kalkuliert und Normen für das Verhältnis zwischen Zeit und Lohn aufgestellt. *Timekeepers, Zeitnehmer* und *Zeitrechner* hießen nun die Kontrolleure ebenso wie die Kontrollinstrumente. Zeit wurde zur berechneten Vorgabe, die perfektes Funktionieren erzwang und Unvorhergesehenes ausschloß[198].

Der Unterschied zwischen den Menschen und ihren Werkzeugen verschwand, wo ersparte Zeit höher im Kurs stand als geschenkte. Diese Automatisierung von Gegenwart, die den Arbeiter zum Roboter machte, provozierte in der Literatur die Anfänge der ›Science Fiction‹; zu ihrem Muster wurde 1895 die Erzählung ›The Time Machine‹ von Herbert G. Wells. Ein technisches Gerät versetzte den Forscher, dem die Standuhr im *Workshop* jede Minute vorhielt, binnen zwölf Stunden in das Jahr 802701 *Anno Domini* und zurück. Die Uhr der Zeitmaschine, die ihm dies Datum anzeigte, war eine Rechenmaschine nach Pascals Prinzip. Zwar richtete sie sich nach dem Wechsel natürlicher Tage, ihre vier Zifferblätter sprangen aber von Potenz zu Potenz: einzelne Tage, tausend Tage, Millionen Tage, tausend Millionen Tage. Der aus dem Kontinuum seiner beschränkten Zeit gerissene Mensch kehrte beschädigt aus einer Zukunft zurück, die noch immer an Sozialneid und Maschinenwahn leidet und dem Weltende entgegendämmert. Wenn die erzählte Welt der gezählten gleicht, ist mit maschineller Zeitraffung und Zahlenhäufung nichts gewonnen[199].

Das 19. Jahrhundert, von Edmund Burke vorweg als Zeitalter der Rechenmeister, *Calculators*, verunglimpft, nannte Rechenmaschinen noch vielfach *Calculating Machines*. Nun wurden sie freilich nicht mehr als handwerkliche Einzelexemplare, sondern als industrielle Massenwaren verfertigt, werbewirksam benannt und in alle Industrienationen verkauft. Sie rationalisierten jene überhandnehmenden Rechenarbeiten in Handel, Industrie und Verwaltung, die wenig Intelligenz, aber viel Zeit und Lohn kosteten. So kalkulierte seit 1820 ein französisches *arithmomètre* Versicherungsleistungen und technische Konstruktionen. Als kaufmännische Büromaschine zur Auflistung von Geldern und Waren bewährte sich seit 1885 eine amerikanische *Counting Machine* namens *Comptometer.* Der amerikanische Statistiker Herman Hollerith baute seit 1884 ein *Electric Tabulating System* mit uhrenförmigen Zählwerken, *Counters*, das 1890 die Volkszählung in den Vereinigten Staaten vereinfachte. Techniker brachten also, zumal in Nordamerika, das Wortfeld des Computus zu neuen Ehren, reservierten allerdings die Wendungen *to compute, Computation* und *Computer* vorerst für Menschen und deren höhere Mathematik. Auch Pascals Philosophie und Swifts Satire wirkten wohl nach[200].

Eine englische Ingenieurszeitschrift überschritt im Januar 1897

Taschenuhr, Sachsen, um 1900 mit römischen Stundenzahlen, aber arabischen Sekundenziffern.

diese Grenze. Sie verlieh einer neu erfundenen Rechenmaschine, die »nach Art eines runden Rechenschiebers« arbeitete, erstmals den Namen *Computer*. Zufällig schlugen im selben Jahr 1897 Astronomen Papst Leo XIII. vor, durch Einführung eines immergleichen Kalenders mit festem Ostertermin die Komputistik ganz abzuschaffen[201]. Wenige Jahre später hieß auch Holleriths Lochkartenmaschine *Statistical Computer*, seine Firma wurde 1911

ARBEITS-

ZEIT-KONTROLLE

VERLANGEN SIE BROSCHÜRE

NORMAL-ZEIT G.M.B.H.

BERLIN SW 68

CHARLOTTENSTR. 7 + FERNRUF: MORITZPLATZ 11708-10

in *Computing Tabulating Recording Company* umgetauft. Seitdem richtete sich die Industrie auf dem alten Wortfeld häuslich ein[202].

Ihr Pathos des Fortschritts sah sich 1927 als banale Seinsvergessenheit abgetan durch die archaisierende Philosophie Martin Heideggers. Sie entfaltete die ursprüngliche Zeitlichkeit des menschlichen Daseins, dessen Sorge auf Zukunft und Tod gerichtet sei, und verwarf das rechnende »Besorgen der Zeit« als innerzeitigen Zugriff auf eine vermeintlich endlose Gegenwart. Diesen vulgären Zeitbegriff unterstellte Heidegger indes nicht nur seinen Zeitgenossen; er stülpte ihn der vergangenen Geschichte insgesamt über, den Zeittheorien von Aristoteles bis Scaliger ebenso wie der praktischen Zeitrechnung und Zeitmessung. Er beschrieb die antike Bauernuhr, die die Schattenlängen der Sonne mit den Körper- und Fußlängen des Menschen ins Verhältnis setzte, als unterschiede sich dieses ›Uhrzeug‹ lediglich durch geringere Genauigkeit und Öffentlichkeit von Zeigern und Ziffern der modernen Taschenuhr. Freilich las Heidegger bei keinem zeitgenössischen Historiker, daß auch die langen Jahrhunderte der Wasseruhr und der Sanduhr ihre gestundete Zeit wahrlich nicht verdinglicht hatten, und kein moderner Soziologe sagte ihm, daß erst die letzten Jahrzehnte der Stoppuhr und der Stechuhr ihre Hinfälligkeit hektisch verdrängten[203]. Die pauschale Verweigerung der Geisteswissenschaften vollendete, was die Begeisterung der Naturwissenschaften begann: In der Geschichte der Wörter hat der Computer den Computus ums Leben gebracht.

Linke Seite: Zeitungsanzeige zur Werbung für Stechuhren, Berlin um 1920.

Computer und Atomzeit im 20. Jahrhundert

Und in der Geschichte der Sachen? Zwischen 1937 und 1946 erfanden Nordamerikaner verschiedene Modelle neuartiger Maschinen zur elektronischen Datenverarbeitung. Die beteiligten Mathematiker und Informatiker, manche mit Holleriths Nachfolgefirma *IBM* (International Business Machines) liiert, verkürzten das übliche *Calculating Machine* zu *Calculator*, seit 1940 auch das analog gebildete *Computing Machine* zu *Computer*. Noch lieber erfanden sie sinnige Abkürzungen: *ABC* (Atanasoff-Berry Computer), *ENIAC* (Electronic Numerical Integrator and Computer). Sie verzichteten vollends auf die Unterscheidung zwischen dem Menschen und seinem Werkzeug, das selbst die kompliziertesten Rechenoperationen schneller und genauer ausführte als er[204]. Wie wenn Pascal und Swift nie geschrieben hätten, wird seither das Wort *Computer* im Englischen fast nur noch für solche Maschinen verwendet. Die meisten anderen Weltsprachen bezeichnen sie mit diesem englischen Namen. Manche Franzosen scheuten jedoch den Anglizismus und prägten 1955 ein ebenfalls personalisierendes, aber treffenderes Kunstwort, *ordinateur*[205].

Denn Computer ähneln je länger, desto weniger der Rechenmaschine Pascals. Auch wenn einige Zeichen, mit denen sie arbeiten, als Zahlen interpretiert werden, manipulieren sie inzwischen mit Symbolen jeder Art. Die Erfinder selbst verglichen ihren ›Rechner‹ freilich nicht bloß mit dem Automaten des 17., sondern auch mit dem Abacus des 10. Jahrhunderts. Viele sprachen es nach, weil sie an linearen Fortschritt glaubten und dafür primitive Vorstufen suchten. Auch wer vom *digitalen Computer* redet, überspringt zwei geschichtliche Brüche. Nachdem Beda im 8. Jahrhundert das Fingerrechnen als *computus vel loquela digitorum* beschrieben hatte, nannte Gerbert von Aurillac im 10. Jahrhundert die Zahlzeichen für 1 bis 9 gleichfalls *digiti*, obwohl er sie als Rechensteine in den Dezimalspalten des Abacus verschob, nicht mehr an den zehn Fingern abzählte. In der englischen Form *Digits* blieb der Begriff für einstellige Zahlen erhalten; aber heutzutage sind *digitale Daten* auch keine Ziffern des Dezimalsystems mehr, sondern vereinbarte Zeichen, die der darzustellenden Größe durch einen Code des Binärsystems zugeordnet werden[206].

Ebenso fragwürdig ist die wieder zuerst in Nordamerika versuchte Einordnung des Computers in die Kontinuität der mittelalterlichen Räderuhr. Gewiß veränderten beide die Wahrnehmung der Welt durch den Menschen und schufen so neue Wirklichkeiten. Doch von Uhren unterscheiden sich Computer gründlich. Sie bringen dank ihrer Kapazität, die alles auf einmal zu erledigen scheint, Zeit eher zum Verschwinden als ins Bewußtsein. Die Symbole, mit denen sie Zeit ausdrücken, sind nicht wie bei Räderuhren ›analoge‹, stufenlos vorrückende Zeiger »rund um die Uhr«, sondern wechselnde ›digitale‹ Signale, die auf Abruf in abgehackten Zeilen aufleuchten. Wie die Zifferblätter nicht mehr der runden Erde, ihre Zahlen nicht mehr den zehn Fingern ähneln, so verliert der Zeitpunkt die Entsprechung zum Augenblick, der Zeitablauf die Analogie zur Lebensgeschichte des Menschen. Auch die Bindung der Zeit an Bewegungen von Himmelskörpern, an Sternstunde, Erdentag, Mondmonat und Sonnenjahr wurde aufgekündigt, als die Perfektion der neuen Uhren die von Leibniz vermuteten Schwankungen der Erdumdrehung enthüllte: Man mißt die Sekunde seit 1974 nach Atomschwingungen und unterteilt jede in eine Milliarde Nanosekunden, die mit Computern gezählt werden können. Sind das noch Zeitsymbole, die von Menschen auf ihre sozialen Beziehungen zugeschnitten wurden? Wir leben in einer Atomzeit, nicht mehr in einer Kalenderzeit[207].

Historisch zu begreifen ist der Computer allein als Frucht zweier neuzeitlicher Entwicklungen, von denen die eine im 17., die andere im 19. Jahrhundert zur Hochblüte gelangte: Mechanisierung des Weltbilds und Industrialisierung des Handwerks[208]. Als ›Zeitmaschine‹ trägt der Computer den Forscher nicht so weit in menschliche Zukunft und Vergangenheit, wie die ›Fiction Science‹ unserer Tage wünscht. Wohl lieferte ein Computer 1973 innerhalb von 132 Sekunden für zweieinhalb vergangene Jahrtausende jene Zeitpunkte der Neu- und Vollmonde, die Hermann der Lahme über Monate am Abacus hatte ausrechnen müssen und Leibniz gern seiner Rechenmaschine entnommen hätte. Wir heutigen Historiker profitieren davon, daß dieselben Langzeitserien astronomischer Chronologie die Raumfahrt modernster Raketen steuern. Hingegen ignorieren sogar antiquarische Geschichtsforscher einen Vorschlag von 1968, Computer für eine Synopse antiker und mittelalterlicher Zeitrechnungen zu verwenden, also Scaligers Arbeit zu erneuern. Historische Chronologie ist vielleicht noch bei Dichtern, nicht mehr bei Gelehrten gefragt[209].

Am unentbehrlichsten ist die numerische Datenverarbeitung für eben jene Epoche, deren Bedarf an unendlich zerkleinerter Zeit und unendlich vergrößerter Zahl den Computer hervorgebracht hat, für das Zeitalter der Mechanisierung und Industrialisierung, für deren Ökonometrie, Demographie und Sozialmathematik, für »Kurven von Preisen, Gehältern, Geburten«[210]. Trotzdem werden heutige Historiker, soweit sie von ihren Spezialpapieren aufblicken, den Computer nicht ausschließlich nach den Diensten bewerten, die er ihnen leistet oder verweigert. Denn er wurde mittlerweile zu einem historisch bedeutsamen Zeichen des späten 20. Jahrhunderts, zum Sinnbild für logischen Durchblick inmitten sinnloser Informationen.

Mit der antiken Sonnen- und Wasseruhr, dem Computus des 6., dem Kalender des 8., dem Astrolab des 10., der Räderuhr des 14., der Rechenmaschine des 17. Jahrhunderts teilt der Computer die Rationalität eines Instruments, das den Menschen ihre Welt zu erschließen hilft. Historische Gesellschaften haben das jeweils aktuellste Werkzeug schon immer gern zum Inbegriff ihrer Gegenwart stilisiert. Doch haben sie frühere Geräte nie mit dem Nimbus eines Symbols umkleidet, das den Menschen ihre Welt ersetzen sollte. Kein europäischer Geschichtsforscher oder Sozialwissenschaftler, ein amerikanischer Computerkenner bemerkte es 1976: Wir alle, Fachleute und Laien zusammen, haben »aus der Welt einen Computer gemacht«. »Diese abermalige Erschaffung der Welt nach dem Bild des Computers« verändert unmerklich bei sämtlichen Mitlebenden die Auffassung von Sprache und Zeichen, von Zeit und Zahl[211].

Zum Beispiel verkündete 1987 eine deutsche Enzyklopädie, daß Computer in Sekundenschnelle den Zugriff auf Millionen von *Daten* erlaubten und jetzt, keine fünfzig Jahre später, bereits in der fünften *Generation* stünden[212]. Als hätten die Worte *Datum* und *Generation* nicht kürzlich noch einen viel weiteren Zeitrahmen behutsamer umrissen! Seit dem Frühmittelalter hieß *datum* der mühsam abgezählte Tag, an dem nach langer Vorarbeit eine Urkunde endlich ausgestellt wurde; *generatio* meinte seit der Bibelübersetzung des Hieronymus die dreißig Jahre eines ganzen Menschenalters oder gar die hundert Jahre, die von Großeltern, Eltern und Kindern gemeinsam überblickt wurden[213]. Gewiß speichert ein Computer mehr Daten, als alle Tage eines Menschenlebens hinterlassen; er erledigt im Handumdrehen Knechtsarbeit, unter der früher ein ganzes Jahrhundert stöhnte. Mehr Freiheit gewährt er allerdings nur denen, die ihm nicht die Züge eines Gottes verleihen, dessen vollendeter Rationalität sich die irrenden, unberechenbaren Menschen unterwerfen. Seine Wirkung ist zu quantitativ und zu momentan, als daß er zum Maß der Welt, des Menschen und der Zeit werden könnte.

Vordenker der Naturwissenschaften wissen das längst und warnen vor kurzatmiger Gleichmacherei, die all die vielfältigen Gliederungen von Zeit an den Erfordernissen des Labors und den Möglichkeiten des Computers ausrichten möchte. Der Wiener Informatiker Heinz Zemanek, der 1961 einen bahnbrechenden Computer baute und sich seit 1978 in Zukunft und Vergangenheit der Zeitrechnung vertiefte, verspricht sich einerseits viel vom Nanosekundentakt einer neuen Koordinierten Weltzeit, der demnächst sämtliche Computer synchronisieren könnte, und freut sich darauf, daß Forschung und Technik zu noch kleineren Feinstzeiten als Nanosekunden fortschreiten werden. Andererseits wünscht er sich, Gott möge eine weitere Kalenderreform verhindern. (Österreichische Informatiker planten mit einem ›Kalender 1984‹ eine modernisierte Neubelebung des Französischen Revolutionskalenders.)

Denn die wenigen Vorteile, die sie brächte, wären im Zeitalter des Computers auf andere Weise zu erreichen; hauptsächlich würde sie die geschmeidige Ordnung alles Lebendigen abtöten, insbesondere den Grundtakt von Tag und Nacht, Sonne und Mond verwirren, den der alte Computus sorgsam gehütet hatte. »Wie immer die Zeit von morgen und übermorgen aussehen wird – sie wird eine Zeitordnung brauchen, die gleichzeitig den Genauigkeitsansprüchen genügt und die beste Verknüpfung mit der Vergangenheit gewährleistet«[214].

Man mag bezweifeln, ob es noch in der Macht der Physiker und der Historiker steht, gemeinsam eine ebenso genaue wie geschichtete Zeitordnung der Zukunft zu schaffen. Der amerikanische Philosoph Julius T. Fraser legte nach dreißig Jahren Spezialforschung über alle Aspekte der Zeit 1987 eine historische Bilanz vor, die den Vorantreibenden wenig Hoffnungen ließ und den Ängsten der Bedenklichen weithin recht gab. Die globale Vernetzung der Gegenwart, eingeleitet durch Atombombe und Computer, habe im letzten Menschenalter immer dichtere kollektive und atomisierte Gleichzeitigkeiten erzwungen, immer mehr von der Vielschichtigkeit vergangener Zeitordnungen vernichtet, die Variationsbreite zwischen Arbeitstag und Feierabend, Jugend und Alter, biologischer, geistiger und sozialer Entfaltung verengt. Die Menschheit sei auf dem Weg, die Spielräume ihrer Humanität zu verlieren und zum Ameisenhaufen zu werden[215].

Eine absurde Verknotung von Zeit und Zahl, die sich Fraser noch nicht träumen ließ, scheint ihm neuerdings recht zu geben: der weltweite Rummel um die Jahrtausendwende. Vor mehr als zweitausend Jahren gab man einem Juden, der sein augenblickliches Leben für weltbewegend hielt, den Rat: »Frag nach dem früheren Geschlecht und erforsche sorgsam die Erinnerung der Väter; wir leben erst seit gestern und wissen nichts, wie Schatten schwinden unsere Erdentage« (Hiob 8, 8–9). Danach bewogen die Säkularfeiern der Kaiser und die Heiligen Jahre der Päpste wenigstens einige Teilnehmer noch zu ähnlichen Gedanken. Den modernen Lautsprechern und ihren Zuhörern fallen beim Blick in ihre Kalender solche menschlichen Worte gar nicht mehr ein.

Weil die Konstrukteure von Computern erst seit gestern lebten und vom Schwinden ihrer Erdentage noch vor wenigen Jahren nichts wußten, begreifen ihre Maschinen demnächst den Sprung von 99 zu 00 vielleicht als Rückschritt von 1999 zu 1900. Die einen meinen, eine solche Katastrophe der vernetzten Computerwelt werde die ganze Menschheit beschädigen, und sehen sich in ihrer apokalyptischen Stimmung bestärkt. Die anderen verstehen den Sprung der Computer, den sie auf die Sekunde genau miterleben möchten, als Genesis eines neuen Jahrtausends; sie empfinden es als das ihre, obwohl sie es nach wenigen Jahren verlassen werden. Freilich bleibt zu hoffen, daß nach ihnen andere auftreten werden, die auch erst seit gestern und nur bis morgen leben – und es wissen.

Berechenbare und zugerechnete Zeit

Bessere Aussichten, aber auch höhere Aufgaben eröffnen sich, wenn wir nicht nur für die Verbindungen zwischen Mensch und Natur, zwischen Natur und Gesellschaft vorsorgen, sondern auch über die Beziehungen des Menschen zu sich und seinesgleichen nachdenken. Als Geisteswissenschaftler habe ich daran zu erinnern, daß der Computer nur berechenbar, nicht zurechnungsfähig ist. Hinter dem Wortspiel verbirgt sich ein Sachverhalt: Die Tätigkeit des Messens und Rechnens umfaßt mehr als das Hantieren mit Zahlen, sobald die dem Menschen zugemessene und zugerechnete Zeit einwirkt. Dann müssen vorweg Maßstäbe aufgestellt, unterwegs müssen Zusagen und Abstände eingehalten, hinterher muß Rechenschaft abgelegt werden. Die humane Geschichte von Zeit und Zahl drehte sich, wie diese Studie zeigen wollte, seit Platon und Aristoteles nie um Moment und Quantität allein, stets auch um Dauer und Qualität. Die Lebenden standen zunächst immer neu vor der alten Frage, ob sie sich über ihren Augenblick erheben, in ihm einrichten oder an ihn verlieren sollten. Darauf gab jede Epoche viele gegensätzliche Antworten, die sich mit den widersprüchlichen Aspekten der Zeit auseinandersetzten.

Welche dieser Antworten Geschichte machte, hing zuletzt nicht von den Umständen und Hilfsmitteln des Zeitalters ab, auch nicht von seiner Orientierung an Vergangenheit oder Zukunft, nicht einmal von dem Sinnbild, mit dem es seine Gegenwart zu meistern suchte, sondern von der Ehrlichkeit und Umsicht, mit der die jeweils Verantwortlichen ihre Maßstäbe setzten und von ihnen Rechenschaft gaben, und zwar so, daß sie sich auch das zurechnen ließen, womit sie nicht gerechnet hatten. Cassiodor und Beda, Hermann der Lahme und Roger Bacon, Nikolaus von Kues

›Von Verlierung der Zeit‹, Holzschnitt des Petrarca-Meisters Augsburg 1520. Im illustrierten Text (Francesco Petrarca, De remediis utriusque fortunae II, 15) nichts über Uhren, nur über die Kürze der Lebenszeit. Die Sanduhr auf dem Tisch ist wohl abgelaufen. Die Stundenzeiger beider Räderuhren, der Turmuhr rechts und der Wanduhr hinten, stehen auf 12 Uhr; daß die Zeit zu Ende geht, verrät auch das angezeigte Tierkreiszeichen der Fische, das letzte im Jahr. Der Gegenstand hinter der Sanduhr an der Wand ist nicht gedeutet (der Schwimmer einer Wasseruhr?).

und Montaigne bekannten sich mit dem Wort *computus* zu dieser Grunderfahrung.

Sie wurde in den letzten vierhundert Jahren teilweise durch andere Erfahrungen überlagert, die sich im Übergang vom *computus* zum *Computer* spiegeln und einen Epochenwandel anzeigen. Neu ist an der Neuzeit ja nicht die Einmaligkeit der Ereignisse oder die Veränderlichkeit der Strukturen; schon vorher empfand jede Generation das, was ihr zu Lebzeiten angetan und zugemutet wurde, mit Recht als unerhört neu. Gewachsen ist in der Neuzeit ›nur‹ die Beschleunigung aller historischen Wandlungen weit über menschliche

Fassungskraft hinaus. Sie vollziehen sich nicht mehr schrittweise zwischen den Generationen und Regionen, sondern binnen weniger Jahre überall auf der Welt; ihren schneidenden Luftzug spüren nicht mehr nur die Gelehrten im Gehäuse, sondern die Leute auf der Straße. Die meisten dieser Umbrüche haben das Menschenleben beträchtlich verlängert und bereichert; um seinen schieren Fortbestand zu sichern, sind auch künftig permanente Innovationen vonnöten[216].

Damit hat sich unterdes auch die Ungleichzeitigkeit des Gleichzeitigen ins Unermeßliche gesteigert; der rapiden Vereinheitlichung moderner Zeitrechnung und Zeitmessung tritt eine nicht weniger rasante Zersplitterung moderner Zeitauffassung und Zeitnutzung gegenüber. Hier sucht man nach der verlorenen Zeit, dort vertreibt man sich die ersparte; von der kommenden erwarten die einen den Genuß des Beliebigsten, die anderen den Mangel am Notwendigsten. Wer die Bewältigung dieser neuen Komplexität nicht den Computern zutraut, dem erneuert und vertieft sie die alte Erfahrung der führenden Köpfe. Jetzt sind freilich alle Menschen herausgefordert, ihre Zeit so wahrzunehmen, wie es Ingeborg Bachmann 1953 formulierte:

»Dein Blick spurt im Nebel:
die auf Widerruf gestundete Zeit
wird sichtbar am Horizont«[217].

Anmerkungen

1 Norbert Elias, Über die Zeit. Arbeiten zur Wissenssoziologie II, hg. von Michael Schröter (1984) S. 178–188 Kalender, S. 81 f. Zeitgefühl. Nuancierter im Zeitbegriff, doch mit ähnlicher Bewertung des mittelalterlichen Kalenders Rudolf Wendorff, Zeit und Kultur. Geschichte des Zeitbewußtseins in Europa (1980) S. 92–150.

2 Günter Dux, Die Zeit in der Geschichte. Ihre Entwicklungslogik vom Mythos zur Weltzeit (1989) S. 312–348 (Hinweis von August Nitschke). Wichtigster Vorgänger ist Jacques Le Goff, Die Stadt als Kulturträger 1200–1500, in: Europäische Wirtschaftsgeschichte, hg. von Carlo M. Cipolla, 1 (1978) S. 45–66, hier S. 55 f. Doch stellt Le Goff den Mönch nicht dem Städter diametral gegenüber, siehe zuletzt seine Einführung zu: Der Mensch des Mittelalters, hg. von dems. (1989) S. 7–45.

3 Thomas Nipperdey, Die Aktualität des Mittelalters. Über die historischen Grundlagen der Modernität, jetzt in: Ders., Nachdenken über die deutsche Geschichte ([2]1986) S. 21–30, hier S. 25 f die Zitate. Mit anderen Akzenten, aber verwandtem Aspekt Ernst Schulin, Die historische Zeit – Dauer und Wandel, in: Funk-Kolleg Geschichte, hg. von Werner Conze u. a., 1 (1981) S. 265–287, hier S. 269 f., 276 f.

4 Hermann Grotefend, Taschenbuch der Zeitrechnung des deutschen Mittelalters und der Neuzeit ([11]1971) S. 1–24 zusammenfassend über die Daten. Zu ihrem Horizont Josef J. Duggan, The Experience of Time as a Fundamental Element of the Stock of Knowledge in Medieval Society, in: La littérature historiographique des origines à 1500, hg. von Hans Ulrich Gumbrecht u. a., 1 (Grundriß der romanischen Literaturen des Mittelalters 11/1, 1986) S. 127–134. Zur Wissenschaftsgeschichte am umsichtigsten Eugen Meyer u. a., Chronologie, in: Die Religion in Geschichte und Gegenwart 1 ([3]1957) Sp. 1806–1818; lückenhaft Alfred Cordoliani, Comput, chronologie, calendriers, in: L' histoire et ses méthodes, hg. von Charles Samaran (1961) S. 37–51.

5 David S. Landes, Revolution in Time. Clocks and the Making of the Modern World (1983) S. 6 f., 58–66, 92 (Hinweis von Thomas Nipperdey). Ansätze bereits bei Wilhelm Flitner, Die Geschichte der abendländischen Lebensformen (1967) S. 111 f., 197 f., 324–327.

6 Zur Schreibweise bemerkte ein niederländisches Wörterbuch um 1480, die ursprüngliche und sprachlich korrekte Form sei *computus*, doch müsse man sie dem

Wohlklang zuliebe in *compotus* abwandeln: Lexicon latinitatis nederlandicae medii aevi, hg. von Johann W. Fuchs u. a., 2 (1981) Sp. 755. Betont wurde *compotus* im 9. und noch im 13. Jahrhundert nach klassischer Regel auf der ersten Silbe; das zeigen der karolingische Hexameterbeginn *Compotus hic* (unten Anm. 76) und altfranzösisch *contes* (unten Anm. 145). Mittelenglisch *compute* (unten Anm. 171) verrät Längung und Betonung der zweiten Silbe spätestens im 15. Jahrhundert.

7 Herbert Grundmann, Naturwissenschaft und Medizin in mittelalterlichen Schulen und Universitäten, jetzt in: Ders., Ausgewählte Aufsätze 3 (Schriften der Monumenta Germaniae Historica [künftig abgekürzt: MGH], 25/3, 1978) S. 343–367, hier S. 353 das Zitat. Durch Unkenntnis des Computus beeinträchtigt: Karl Brunner, Die Zeit des Menschen. Überlegungen zur Geschichte des Zeitbegriffs, in: Das Phänomen Zeit, hg. von Manfred Horvat (1984) S. 19–25; Hans-Werner Goetz, Leben im Mittelalter vom 7. bis zum 13. Jahrhundert (1986) S. 24 f., 105 f.

8 Herman H. Goldstine, The Computer from Pascal to von Neumann (1972) S. 123, 150 zu Ursprung und Namengebung früher Computermodelle. Josef Weizenbaum, Die Macht der Computer und die Ohnmacht der Vernunft ([6]1985) S. 242–267 über Sprache und Computer. Beide übergehen die Wortgeschichte von *Computer.* Ebenso Sammelwerke wie: Encyclopedia of Computer Science and Technology, hg. von Allen Kent u. a., 1–18 (1975–87) und sogar die einzige Spezialstudie, die überlegene Kenntnis des Computers mit gründlichem Verständnis des Computus vereint: Heinz Zemanek, Kalender und Chronologie. Bekanntes und Unbekanntes aus der Kalenderwissenschaft ([4]1987) S. 35–60.

9 Die folgende Darstellung differenziert meine Fragen in: Das mittelalterliche Zahlenkampfspiel (Supplemente zu den Sitzungsberichten der Heidelberger Akademie der Wissenschaften Phil.-hist. Kl., 5, 1986) S. 245 f. und bereitet meine Edition karolingischer Schriften zur Zeitrechnung und Zeitmessung vor.

10 Edmund R. Leach, Zwei Aufsätze über die symbolische Darstellung der Zeit, in: Kulturanthropologie, hg. von Wilhelm E. Mühlmann – Ernst W. Müller (1966) S. 392–408, hier S. 394 f. Zum Zeitverständnis archaischer Gesellschaften grundlegend Martin P. Nilsson, Primitive Time-Reckoning. A Study in the Origins and First Development of the Art of Counting Time among the Primitive and Early Culture People (1920) S. 11–225; materialreich Dux (wie Anm. 2) S. 103–257.

11 Herodoti Historiae, hg. von Karl Hude, 2 Bde. ([3]1927), unpaginiert, hier VIII, 51, 1 Kalliades; II, 109, 3 Sonnenuhr; II, 4, 1 Jahresteilung; II, 82, 1 Monat und Tag. Dazu Hermann Strasburger, Herodots Zeitrechnung, in: Herodot. Eine Auswahl aus der neueren Forschung, hg. von Walter Marg (Wege der Forschung 26, [3]1982) S. 688–736, hier S. 693 Greisengeschwätz; Christian Meier, Die Entstehung der Historie, in: Geschichte – Ereignis und Erzählung, hg. von Reinhart Koselleck –Wolf-Dieter Stempel (Poetik und Hermeneutik 5, 1973) S. 251–305, hier S. 289 von Null zu Null; Dux (wie Anm. 2) S. 273–285.

12 Platon, Timaios c. 3, in: Opera, hg. von James Burnet, 4 (1902) S. 21e–24d So-

lon; c. 10 S. 37c–e Erschaffung der Zeit; c. 11 S. 39b–e Planetenumläufe und Zeitzahlen; c. 14 S. 42d Werkzeuge der Zeit; c. 16 S. 47a–b Zeichen und Philosophie. Dazu Hans-Georg Gadamer, Idee und Wirklichkeit in Platos Timaios (Sitzungsberichte der Heidelberger Akademie der Wissenschaften Phil.-hist. Kl. Jg. 1974/2, 1974) S. 14–16; Gernot Böhme, Zeit und Zahl. Studien zur Zeittheorie bei Platon, Aristoteles, Leibniz und Kant (1974) S. 68–158, auch zur Nachwirkung.

13 Platon, ebd. c. 24 S. 59c–d Spaß; Politeia VII, 10 S. 527d Erkenntnis. Dazu Bartel L. van der Waerden, Die Astronomie der Griechen. Eine Einführung (1988) S. 34–39, 44–62. Dux (wie Anm. 2) läßt Platon weg.

14 Aristoteles, Peri hermeneias c. 9, in: Opera, hg. von Immanuel Bekker – Olof Gigon, 1 (1960) S. 18a–19b. Dazu skeptisch Harald Weinrich, Tempus. Besprochene und erzählte Welt ([4]1985) S. 55 f., 288–293; doch läßt sich nicht leugnen, daß das Zeitverständnis von den Tempora ausging.

15 Aristoteles, Politik III, 15, Bd. 2 (1960) S. 1286b; IV, 13 S. 1297b Verfassung. Metaphysik V, 11 S. 1018b Trojanischer Krieg. Physikprobleme XVII, 3 S. 916a Menschen Trojas. Poetik c. 9 S. 1451b Herodot; c, 23 S. 1459a Homer. Dazu Christian Meier, Entstehung des Begriffs Demokratie. Vier Prolegomena zu einer historischen Theorie ([4]1981) S. 52–67; Dux (wie Anm. 2) S. 230 f.

16 Aristoteles, Physik IV, 11, Bd. 1 S. 219b. Dazu Wolfgang Wieland, Die aristotelische Physik. Untersuchungen über die Grundlegung der Naturwissenschaft und die sprachlichen Bedingungen der Prinzipienforschung bei Aristoteles (1962) S. 316–329; Peter Janich, Die Protophysik der Zeit. Konstruktive Begründung und Geschichte der Zeitmessung (1980) S. 246–259. Zu eng Paul F. Conen, Die Zeittheorie des Aristoteles (1964) S. 30–61.

17 Aristoteles, Kategorien c. 6, Bd. 1 S. 5a Zeit und Zahl. Nikomachische Ethik II, 1, Bd. 2 S. 1103a Baumeister; 1, 7 S 1098a Erfinderin. Landes (wie Anm. 5) übersieht aristotelischen Ursprung und antike Anfänge der Zeitquantifizierung.

18 Aristoteles, Metaphysik X, 1 Bd. 2 S. 1053e Himmelsbewegung; Physikprobleme XV, 5–10 S. 911a–912b Schatten. Zur Nachwirkung des Aristoteles am besten Alexandre Koyré, Galilei. Die Anfänge der neuzeitlichen Wissenschaft (1988) S. 13–28.

19 Otto Neugebauer, A History of Ancient Mathematical Astronomy, 3 Bde. (1975), hier Bd. 3 S. 1061–1076 zu den astronomischen Grundlagen der historischen Chronologie; Bd. 1 S. 353–366 zum babylonischen Kalender, Bd. 2 S. 559–568 zum ägyptischen Sonnenjahr und Mondzyklus. Zum jüdischen Mondkalender Eduard Mahler, Handbuch der jüdischen Chronologie (1916) S. 17–59; Ludwig Basnizki, Der jüdische Kalender. Entstehung und Aufbau (1986) S. 9–32.

20 Waerden (wie Anm. 13) S. 76–92 zusammenfassend zum astronomischen Kalender der Griechen. Zu ihren Uhren Hermann Diels, Antike Technik ([3]1924) S. 155–228, zu den Wasseruhren ergänzend Aage G. Drachmann, The Mechanical Technology of Greek and Roman Antiquity (1963) S. 192 f.; zu den Sonnenuhren Edmund Buchner, Antike Reiseuhren, Chiron 1 (1971) S. 457–482. Zur

Vorgeschichte des Astrolabs zuletzt Waerden (wie Anm. 13) S 101–104; anders Vf., Astrolab und Klosterreform an der Jahrtausendwende (Sitzungsberichte der Heidelberger Akademie der Wissenschaften Phil.-hist. Kl. Jg. 1989/1, 1989) S. 13–19.

21 Karl Löwith, Weltgeschichte und Heilsgeschehen. Die theologischen Voraussetzungen der Geschichtsphilosophie (^{5}1967) S. 26; Theodor Schieder, Geschichte als Wissenschaft. Eine Einführung (^{2}1968) S. 81 f. behaupten einen Gegensatz zwischen zyklischer und linearer Zeit. Dagegen mit Recht Arnaldo Momigliano, Zeit in der antiken Geschichtsschreibung, in: Ders., Wege in die Alte Welt (1991), S. 38–58 und Friedrich Vittinghoff, Spätantike und Frühchristentum. Christliche und nichtchristliche Anschauungsmodelle, in: Mensch und Weltgeschichte. Zur Geschichte der Universalgeschichtsschreibung, hg. von Alexander Randa (1969) S. 17–40.

22 Eviatar Zerubavel, The Seven Day Circle. The History and Meaning of the Week (1985) S. 5–26 zum Ursprung; zur Nachwirkung im Mittelalter Georg Schreiber, Die Wochentage im Erlebnis der Ostkirche und des christlichen Abendlandes (1959) S. 20–43.

23 Elias J. Bickerman, Chronology of the Ancient World (^{2}1980) S. 43–51 zur römischen Chronologie überhaupt; zur altrömischen Agnes K. Michels, The Calendar of the Roman Republic (1967). Zu Caesars Reform Wilhelm Kubitschek, Grundriß der antiken Zeitrechnung (1928) S.99–109; Christian Meier, Caesar (1982) S. 528 f. Dux (wie Anm. 2) übersieht diesen ersten Ansatz zu einer Weltzeit. Über Vitruvs Uhren am besten der Kommentar zu seinem neunten Buch: Vitruve De l'architecture livre IX, hg. von Jean Soubiran (1960) S. 214–308.

24 Edmund Buchner, Die Sonnenuhr des Augustus (1982) S. 7–80 zum Obelisken auf dem Marsfeld; zum vatikanischen Géza Alföldy, Der Obelisk auf dem Petersplatz in Rom (Sitzungsberichte der Heidelberger Akademie der Wissenschaften Phil.-hist. Kl. Jg. 1990/2, 1990) S. 55–67. Zu dessen späterer Umdeutung unten Anm. 133. Zum augusteischen Zeitdenken Hubert Cancik, Die Rechtfertigung Gottes durch den ›Fortschritt der Zeiten‹, in: Die Zeit. Dauer und Augenblick, hg. von Armin Mohler u. a. (^{2}1989) S. 257–288, hier S. 265–281.

25 Eindringlichste Übersichten für die christliche Frühzeit: Charles W. Jones, Development of the Latin Ecclesiastical Calendar, in: Bedae Opera de temporibus, hg. von dems. (The Medieval Academy of America Publication 41, 1943) S. 1–122, hier S. 6–68, speziell zu den Beschlüssen von 325 S. 17–25; August Strobel, Ursprung und Geschichte des frühchristlichen Osterkalenders (1977) S. 122–394, zu Nicaea S. 389–392. Einen zweibändigen Katalog der gesamten Literatur zur Zeitrechnung von 200 bis 1582 bereitet Wesley M. Stevens vor.

26 Plautus, Miles gloriosus v. 204, in: Comoediae, hg. von Friedrich Leo, 2 (^{2}1958) S. 15 *dextera digitis rationem computat.* Zum klassischen Wortfeld von *computare, computatio, computus* Bertold Maurenbrecher, in: Thesaurus linguae Latinae 3 (1912) Sp. 2175–2186. Zur mathematischen Terminologie Johannes Tropfke, Geschichte der Elementarmathematik 1 (^{4}1980) S. 34, 122, 168. Zur Rechenpraxis Anita Rieche, Computatio Romana. Fingerzählen auf provinzialrö-

mischen Reliefs, Bonner Jahrbücher 186 (1986) S. 165–192 (Hinweis von Ute Schillinger).

27 Irenäus von Lyon, Adversus haereses I, 15, 2, hg. von Adelin Rousseau – Louis Doutreleau, 1/2 (Sources chrétiennes 264, 1979) S. 236–238 addierte die Zahlenwerte der griechischen Buchstaben im Namen Jesus und nannte die Summe *arithmos*; die lateinische Übersetzung hat *computus*. Ob sie schon im 3. oder erst im 5. Jahrhundert angefertigt wurde, ist strittig. Pseudo-Cyprian von Karthago, De pascha computus, Corpus scriptorum ecclesiasticorum Latinorum 3 (1871) S. 248–271 schrieb zwar 243, verwendete aber im Kontext nirgends *computus*, nur *computare* c. 4 S. 251 und öfter. Den Buchtitel der Edition formulierte erst eine Reimser Handschrift des 9. Jahrhunderts.

28 Iulius Firmicus Maternus, Mathesis I, 4, 5, hg. von Wilhelm Kroll – Franz Skutsch (1968) S. 12. Zur Neuerung treffend Charles Ducange – Léopold Favre, Glossarium mediae et infimae latinitatis 2 (1883) S. 473.

29 Hieronymus, Chronicon a. Abr. 985, Die griechischen christlichen Schriftsteller 24 (1913) Bl. 70; auch a. 361 Bl. 36. Dazu Anna-Dorothee von den Brincken, Studien zur lateinischen Weltchronistik bis in das Zeitalter Ottos von Freising (1957) S. 60–67. Zur jüdischen Weltära mit der Epoche 7. Oktober 3761 v. Chr., die spätestens im 4. Jahrhundert konzipiert, aber erst im 12. Jahrhundert akzeptiert wurde, Mahler (wie Anm. 19) S. 153–159, 455–479 (Hinweis von Alexander Patschovsky).

30 Augustin, Confessiones IV, 16, 28 f., Corpus Christianorum Series Latina 27 (1981) S. 54 Kategorien; XI, 18, 23 S. 205 Bilder. Dazu Janich (wie Anm. 16) S. 259–271, zu eingeschränkt, ebenso auf andere Weise Dux (wie Anm. 2) S. 322–327. Ich folge Ernst A. Schmidt, Zeit und Geschichte bei Augustin (Sitzungsberichte der Heidelberger Akademie der Wissenschaften Phil.-hist. Kl. Jg. 1985/3, 1985) S. 17–32.

31 Augustin, ebd. XI, 20, 26 S. 206 f. Dreiheit; XI, 28, 38 S. 214 Sänger; XI, 23, 29 S. 208 f. Himmelskörper; XI, 24, 31 S. 210 Bewegung.

32 Contra Felicem I, 10, Corpus scriptorum ecclesiasticorum Latinorum 25/2 (1892) S. 812.

33 De civitate Dei XI, 30, Corpus Christianorum Series Latina 48 (1955) S. 350 f. Sechszahl, das Zitat aus Sap. 11, 21; XVIII, 52 f. S. 650–652 Christenverfolgungen; XXII, 30 S. 865 f. Siebenzahl. Dazu Reinhart Koselleck, Vergangene Zukunft. Zur Semantik geschichtlicher Zeiten (1979) S. 138–140, 234–238; Schmidt (wie Anm. 30) S. 96–109.

34 Augustin, Epistula 199, 34, Corpus scriptorum ecclesiasticorum Latinorum 57 (1911) S. 273 f.

35 Boethius, De institutione arithmetica I, 2, hg. von Gottfried Friedlein (1867) S. 12 Muster; I, 1 S. 8 f. Arithmetik und Astronomie. Dazu und zur Nachwirkung Detlef Illmer, Arithmetik in der gelehrten Arbeitsweise des frühen Mittelalters. Eine Studie zum Grundsatz ›Nisi enim nomen scieris, cognitio rerum perit‹, in: Institutionen, Kultur und Gesellschaft im Mittelalter. Festschrift für Josef Fleckenstein (1984) S. 35–58; Menso Folkerts, Die Bedeutung des latei-

nischen Mittelalters für die Entwicklung der Mathematik. Forschungsstand und Probleme, jetzt in: Wissenschaftsgeschichte heute, hg. von Christian Hünemörder (1987) S. 87–114.

36 Boethius, De institutione musica I, 2, hg. von Gottfried Friedlein (1867) S. 187f. Sphärenharmonie und Jahreszeiten; II, 8 S. 234 und II, 29 S. 263 *computare*. Dazu und zur Nachwirkung Michael Bernhard, Überlieferung und Fortleben der antiken lateinischen Musiktheorie im Mittelalter, in: Geschichte der Musiktheorie 3, hg. von Frieder Zaminer (1990) S. 7-35, hier S. 24-31.

37 Epistula Theophili c. 2, hg. von Bruno Krusch, Studien zur christlich-mittelalterlichen Chronologie. Der 84jährige Ostercyclus und seine Quellen (1880) S. 221. Die von Dionysius selbst übersetzte Epistula Proterii c. 6-7, ebd. S. 275 unterschied bereits zwischen *dominicum pascha* und *paschalis conpotus*.

38 Dionysius Exiguus, Libellus de cyclo magno paschae, hg. von Bruno Krusch, Studien zur christlich-mittelalterlichen Chronologie. Die Entstehung unserer Zeitrechnung (Abhandlungen der Preußischen Akademie der Wissenschaften Phil.-hist. Kl., Jg. 1937/8, 1938) S. 63f. Dazu Jones (wie Anm. 25) S. 68–75; mit anderer Blickrichtung Walter E. van Wijk, Origine et développement de la computistique médiévale (1954) S. 15f.

39 Benedicti Regula c. 16–18, Corpus scriptorum ecclesiasticorum Latinorum 75 ([2]1977) S. 70–81 Gebetsstunden und Psalmenordnung; c. 8 S. 58 Aufstehen; c. 41 S. 112–114 Mahlzeiten; c. 48 S. 125–128 Arbeits- und Ruhestunden, hier S. 126f. »Von Ostern ...«, S. 125 Müßiggang; Prolog S. 7 Gnadenfrist. Dazu Gustav Bilfinger, Die mittelalterlichen Horen und die modernen Stunden. Ein Beitrag zur Kulturgeschichte (1892) S. 1–7, 109–125; Stephen C. McCluskey, Gregory of Tours, Monastic Timekeeping, and Early Christian Attitudes to Astronomy, Isis 81 (1990) S. 9–22, hier S. 9f., 19f. Gegen die übliche Fehldeutung des benediktinischen Arbeitsethos Friedrich Prinz, Askese und Kultur. Vor- und frühbenediktinisches Mönchtum an der Wiege Europas (1980) S. 68–74; Dux (wie Anm. 2) S. 320–322.

40 Cassiodorus Senator, Institutiones II. 4. 7, hg. von Roger A. B. Mynors ([2]1961) S. 141 Arithmetik; II, 7, 3–4 S. 156 Astronomie. Dazu Heinz Löwe, Cassiodor, jetzt in: Ders., Von Cassiodor zu Dante. Ausgewählte Aufsätze zur Geschichtsschreibung und politischen Ideenwelt des Mittelalters (1973) S. 11–32, hier S. 22–28. Alexander Murray, Reason and Society in the Middle Ages (1978) S. 145, 154 unterschätzt Cassiodors Verdienste für Arithmetik und Computus.

41 Cassiodorus Senator, ebd. I, 30, 5 S. 77f. an die Mönche; an Boethius: Variae I, 45 MGH Auctores antiquissimi 12 (1894) S. 39–41. Zur Vieldeutigkeit von *horologium* Landes (wie Anm. 5) S. 53, 68; doch übersieht er wie McCluskey (wie Anm. 39) die Aussagen Cassiodors, überhaupt die frühmittelalterliche Wendung von der Zeitmessung zur Zeitrechnung.

42 Computus paschalis, hg. von Paul Lehmann, Cassiodorstudien, jetzt in: Ders., Erforschung des Mittelalters. Ausgewählte Abhandlungen und Aufsätze 2 (1959) S. 38–108, hier S. 52–55. Eine Liste der frühesten komputistischen Schriften bei Éloi Dekkers – Émile Gaar, Clavis patrum Latinorum ([3]1995) S. 725–738.

43 Gregor I., Homiliae in Hiezechielem II, 1, 5, 12, Corpus Christianorum Series Latina 142 (1971) S. 285. Dazu Heinz Meyer, Die Zahlenallegorese im Mittelalter. Methode und Gebrauch (1975) S. 32–34. Zu pauschal Franz Carl Endres – Annemarie Schimmel, Das Mysterium der Zahl. Zahlensymbolik im Kulturvergleich (1984) S. 33–35.

44 Gregor I., Homiliae in Evangelia I, 19, 1–2, hg. von Jacques-Paul Migne, Patrologia latina 76 (1851) Sp. 1154f. zu Matth. 20, 1–16. Dazu Roderich Schmidt, Aetates mundi. Die Weltalter als Gliederungsprinzip der Geschichte, Zeitschrift für Kirchengeschichte 67 (1956) S. 288–317, hier S. 302f.

45 Gregor von Tours, Libri historiarum IV, 17, MGH Scriptores rerum Merovingicarum 1/1 (1951) S. 215 und X, 23 S. 514f. Osterzweifel und -wunder; IV, 46 S. 181 Sklave; IV, 51 S. 189f. und X, 31 S. 536f. Jahreszählung; I, Praefatio S. 5 *conpotare*. Zum Osterwunder Charles W. Jones, A Legend of St Pachomius, Speculum 18 (1943) S. 198–210, hier S. 207. Zu Gregors Wunderglauben Aaron J. Gurjewitsch, Mittelalterliche Volkskultur. Probleme zur Forschung (1986) S. 32–36, 39–42. Zum Verfall der Rechenkunst Murray (wie Anm. 40) S. 144.

46 Gregor von Tours, De cursu stellarum ratio, MGH Scriptores rerum Merovingicarum 1/2 (^{2}1969) S.407–422. hier c. 16 S. 413 das Zitat. Dazu Werner Bergmann – Wolfhard Schlosser, Gregor von Tours und der ›rote Sirius‹,. Untersuchungen zu den astronomischen Angaben in ›De cursu stellarum‹, Francia 15 (1987) S. 43–74; in Details abweichend McCluskey (wie Anm. 39) S. 10–19.

47 Isidor von Sevilla. Etymologiae III, 4, 3–4, hg. von Wallace M. Lindsay, 1 (1911, unpaginiert) *conputus*. Die vorangehenden Sätze III, 4, 1–2 fassen Augustins Gedanken (oben Anm. 33) zusammen. XX, 13, 5, Bd. 2 (1911) *horologia*. Dazu Vf., Das Bild der Geschichte in der Enzyklopädie Isidors von Sevilla, Deutsches Archiv für Erforschung des Mittelalters [künftig abgekürzt: Deutsches Archiv] 22 (1966) S. 1–62, hier S. 13–15. Landes (wie Anm. 5) S. 64 tut Isidors Zeitvorstellungen zu Unrecht als rudimentär ab.

48 Isidor, ebd. III, 5, 10, Bd. I ›addieren‹; XVI, 25, 19, Bd. 2 ›multiplizieren‹; I, 3, 1, Bd. 1 und X, 43 *calculator*; V, 29, 1–36, 3 vom Moment zum Großjahr; V. 38, 3–5 und V, 39, 1 Datenreihen und Sechszahl; VI, 17, 15–18 Osterberechnung; V, 35, 1 *tempora*. Spätere Zeugen für die Ableitung von *temperamentum* bei Jean Leclercq, Experience and Interpretation of Time in the Early Middle Ages, Studies in Medieval Culture 5 (1975) S. 9–19, hier S. 16.

49 De ratione conputandi c. 3, hg. von Maura Walsh – Dáibhí Ó Cróinín, Cummian's Letter De controversia paschali (1988) S. 117f. Dáibhí Ó Cróinín, A Seventh-Century Irish Computus from the Circle of Cummianus (Proceedings of the Royal Irish Academy 82/C/11, 1982) S. 405–430, hier S. 411 (Hinweis von Michael Richter). Dieser Fund ist noch nicht berücksichtigt bei Knut Schäferdiek, Der irische Osterzyklus des sechsten und siebten Jahrhunderts, Deutsches Archiv 39 (1983) S. 357–383, wo spätere irische Computi besprochen sind.

50 Pseudo-Fredegar, Chronicon I, 24, MGH Scriptores rerum Merovingicarum 2 (1888) S. 34 und III, 73 S. 112f. *supputatio*; II, 7 S. 47 Samson. Zum Werk Andreas Kusternig, Einleitung, Freiherr vom Stein-Gedächtnisausgabe 4a (1982) S. 1–33.

51 MGH Scriptores rerum Merovingicarum 7 (1920) S. 499.

52 Der merovingische Computus Paschalis vom Jahre 727 n. Chr., hg. von Krusch (wie Anm. 38) S. 53–57. Dazu Alfred Cordoliani, Les plus anciens manuscrits de comput ecclésiastique de la bibliothèque de Berne, Zeitschrift für schweizerische Kirchengeschichte 51 (1957) S. 101–112, hier S. 102–104. Zum Weltalter von 6000 Jahren Carsten Colpe, Die Zeit in drei asiatischen Hochkulturen, in: Die Zeit (wie Anm. 24) S. 225–256, hier S. 245 f.

53 John Hennig, Kalendar und Martyrologium als Literaturformen, jetzt in: Ders., Literatur und Existenz. Ausgewählte Aufsätze (1980) S. 37–80 zum liturgischen Zeitverständnis. Zum heiligen Tag Hans Martin Schaller, Der heilige Tag als Termin mittelalterlicher Staatsakte, Deutsches Archiv 30 (1974) S. 1–24, hier S. 23. Zum frühmittelalterlichen Zeitverständnis Aaron J. Gurjewitsch, Das Weltbild des mittelalterlichen Menschen (1980) S. 98–122.

54 Beda, Epistola ad Wicthedum c. 6, in: Opera didascalica, hg. von Charles W. Jones, Corpus Christianorum Series latina 123 A–C (1975–80), hier Bd. C S. 637; c. 12 S. 642 Äquinoktium. De natura rerum c. 47–48 Bd. A S. 229–232 geographische Breite. De temporum ratione c. 38 Bd. B S. 400 f. Schalttag. Dazu Ernst Zinner, Alte Sonnenuhren an europäischen Gebäuden (1964) S. 2 f.; Wesley M. Stevens, Bede's Scientific Achievement (Jarrow Lecture, 1985) S. 5–10, 24 f., 43 f.

55 Beda, De temporum ratione c. 1 Bd. B S. 268. Zum ganzen Werk grundlegend Charles W. Jones, The Computistical Works of Bede, in: Ders. (wie Anm. 25) S. 123–172, ergänzend sein Vorwort Bd. A S. XII–XVI; vertiefend Murray (wie Anm. 40) S. 146–151. Zur Stelle Alfred Cordoliani, A propos du chapitre premier du ›De temporum ratione‹ de Bède, Le moyen âge 54 (1948) S. 209–223.

56 Beda, ebd. c. 38 S. 400 *calculator* und *computator*, c. 11 S. 317 *computare* und *calculare* als Synonyme. Historia ecclesiastica gentis Anglorum III, 25, hg. von Bertram Colgrave – Roger A. B. Mynors, Bede's Ecclesiastical History of the English People (1969) S. 306 *catholicus calculator*; IV, 2 S. 332 *arithmetica ecclesiastica*. Dazu Murray (wie Anm. 40) S. 148; Landes (wie Anm. 5) S. 64. Das um Beda zentrierte mittelalterliche Wortfeld von *computare, computatio, computus* am dichtesten bei Irmengard Dauser, in: Mittellateinisches Wörterbuch 2 (1985) Sp. 1128–1134.

57 Beda, De temporum ratione c. 19 Bd. B S. 343–346 und c. 23 S. 353–355 Tabellen mit Buchstaben; De temporibus c. 12 Bd. C S. 595 gegen *calculandi facilitas*; De temporum ratione c. 38 Bd. B S. 399 gegen *facilitas computandi*; c. 41–43 S. 405–418 Mondsprung. Alistair C. Crombie, Von Augustinus bis Galilei. Die Emanzipation der Naturwissenschaft (^{2}1977) S. 21–24 deutet Bedas Verfahren zu modern als »praktischen Empirismus«. Noch weniger dachte Beda an eine Reform des Julianischen Kalenders, was ihm Zemanek (wie Anm. 8) S. 29 unterstellt.

58 Beda, ebd. Praefatio S. 263 Gott; c. 2 S. 274 f. drei Arten.

59 Beda, ebd. c. 3 S. 276–278 Astrologen, Stunde und *horologium*; c. 5 S. 283 f. vierundzwanzig Stunden. Beda ist ausgelassen in der Geschichte der gleichlan-

gen Stunden bei Igor A. Jenzen, Uhrzeiten. Die Geschichte der Uhr und ihres Gebrauches (1989) S. 31–36.

60 Beda, ebd. c. 6 S. 290–295 Tag und Monat der Welterschaffung; c. 66 S. 495 f. ihr Jahr. Dazu Anna-Dorothee von den Brincken, Weltären, Archiv für Kulturgeschichte 39 (1957) S. 133–149, hier S. 146 f.

61 Beda, ebd. c. 66 S. 463–535, nach Theodor Mommsen, MGH Auctores antiquissimi 13 (1898) S. 247–321. Dazu Vf., Weltgeschichten im Mittelalter?, jetzt in: Ders., Barbaren, Ketzer und Artisten. Welten des Mittelalters ([2]1990) S. 125–134.

62 Beda, ebd. c. 15 S. 331. Dazu Jacob und Wilhelm Grimm, Deutsches Wörterbuch 13 (1889) Sp. 1371 f. Zu Bedas Hallenvergleich Vf., Lebensformen im Mittelalter (1973) S. 35–49.

63 Beda, Historia (wie Anm. 56) I, 4 S. 24; V, 24 S. 560–566 und oft. In I, 2 S. 20 wurde auch nach Jahren »vor Christi Geburt« datiert. Dazu Anna-Dorothee von den Brincken, Beobachtungen zum Aufkommen der retrospektiven Inkarnationsära, Archiv für Diplomatik 25 (1979) S. 1–20, hier S. 16. Dux (wie Anm. 2) übergeht die Durchsetzung dieser Ära, die bis heute unsere Weltzeit datiert.

64 Beda, ebd. V, 24 S. 570. Dazu grundlegend Henri Quentin, Les martyrologes historiques du moyen âge (1908) S. 17–119; weiterführend John McCulloh, Historical Martyrologies in the Benedictine Cultural Tradition, in: Benedictine Culture 750–1050, hg. von Willem Lourdeaux – Daniel Verhelst (1983) S. 114–131.

65 Beda, Martyrologium, hg. von Quentin (wie Anm. 64) S. 109; De temporum ratione c. 66 Bd. B S. 535.

66 Murray (wie Anm. 40) S. 149 f. läßt neben Bedas Komputistik nur seine Geschichtsschreibung gelten. Franz-Josef Schmale, Funktion und Formen mittelalterlicher Geschichtsschreibung (1980) S. 28–37 berücksichtigt die Komputistik mit, nicht die Martyrologien; ebenso Karl Heinrich Krüger, Die Universalchroniken (Typologie des sources du moyen âge occidental 16, 1976) S. 13–21; Ergänzung (1985) S. 2 f. Der Zusammenhang ist ganz zertrennt bei Bernard Guenée, Histoire et culture historique dans l'Occident médiéval (1980) S. 52–54.

67 Bonifatius, Epistola 76, MGH Epistolae selectae 1 ([2]1955) S. 159 *clocca*. Walahfrid Strabo, Vita sancti Galli II, 10, MGH Scriptores rerum Merovingicarum 4 (1910) S. 320 Handglocke; II, 4 S. 315 Turmglocke, hier *campanum* (Neutrum). Derselbe, De exordiis et incrementis quarundam in observationibus ecclesiasticis rerum c. 5, MGH Capitularia regum Francorum 2 (1897) S. 478 f. Herkunft von *campana* (Femininum). Zum Wort *Glocke* Grimm (wie Anm. 62) Bd. 8 (1958) Sp. 142 f. Zur Sache Landes (wie Anm. 5) S. 68 f.; Kurt Kramer, Glocke, in: Lexikon des Mittelalters 4 (1989) Sp. 1497–1500.

68 Admonitio generalis c. 72, MGH Capitularia regum Francorum 1 (1883) S. 60 Nr. 22; kürzer wiederholt S. 121 Nr. 43; S. 235 Nr. 117; S. 237 Nr. 119. Ähnlich zu Karls Lebzeiten Capitula der Bischöfe Haito von Basel c. 6, MGH Capitula episcoporum 1 (1984) S. 211 und Waltcaud von Lüttich c. 11, ebd. S. 47. Danach, 827, Abt Ansegis von Fontenelle, Collectio capitularium, MGH Capitularia re-

gum Francorum N. S. 1 (1996) S. 467f., 665. Ein Verzeichnis karolingischer Schriften zur Komputistik bei Alfred Cordoliani, Les traités de comput du haut moyen âge 526–1003, Archivum latinitatis medii aevi 17 (1942) S. 51–72, vielfach überholt, noch nicht ersetzt.

69 Einhard, Vita Karoli magni c. 25, MGH Scriptores rerum Germanicarum 25 ([6]1911) S. 30 Computus. Annales regni Francorum a. 807, MGH Scriptores rerum Germanicarum 6 (1895) S. 123f. Wasseruhr. Dazu Percy Ernst Schramm, Karl der Große. Denkart und Grundauffassungen, jetzt in: Ders., Kaiser, Könige und Päpste. Gesammelte Aufsätze zur Geschichte des Mittelalters 1 (1968) S. 302–341, hier S. 311–327; Murray (wie Anm. 40) S. 151. Die Einschätzung der Wasseruhr nach Landes (wie Anm. 5) S. 24.

70 Alkuin, Epistola 171, MGH Epistolae 4 (1895) S. 281–283 *computus* und *calculatio*; Ep. 145 S. 231–235 *calculatores* und *mathematici*; vgl. Ep. 126 S. 185–187. Zu Alkuins mathematischen Interessen zurückhaltend Menso Folkerts, Die älteste mathematische Aufgabensammlung in lateinischer Sprache: Die Alkuin zugeschriebenen Propositiones ad acuendos iuvenes (Österreichische Akademie der Wissenschaften Math.-nat. Kl. Denkschriften 116/6, 1978) S. 30f.

71 Einhard, Vita Karoli magni c. 29 (wie Anm. 69) S. 33. Dazu Dieter Geuenich, Die volksprachliche Überlieferung der Karolingerzeit aus der Sicht des Historikers, Deutsches Archiv 39 (1983) S. 104–130, hier S. 124–127. Zu Bedas Vorbild oben Anm. 62.

72 MGH Epistolae 4 S. 565–567. Der angeblich ältere Beleg für *computista* bei Jan F. Niermeyer, Mediae latinitatis lexicon minus (1976) S. 233 gehört ins 11. Jahrhundert (unten Anm. 112). In die gelehrten Bemühungen fügt sich u. a. eine karolingische Sammlung, die nach irischem Vorbild (oben Anm. 49) *numerus* mit *compotus* gleichsetzt; den Prolog edierte Alfred Cordoliani, Une encyclopédie carolingienne de comput. Les ›Sententiae in laude compoti‹, Bibliothèque de l'École des Chartres 104 (1943) S. 237–243, hier S. 242. Zur Enzyklopädie von 809 am ausführlichsten Wilhelm Neuß, Ein Meisterwerk der karolingischen Buchkunst aus der Abtei Prüm, in: Spanische Forschungen der Görres-Gesellschaft 1/8 (1940) S. 37–64.

73 Hrabanus Maurus, De computo c. 69, Corpus Christianorum Continuatio mediaevalis 44 (1979) S. 284 Jahr des Herrn; c. 65 S. 282 Jahr Kaiser Ludwigs; c. 68 S. 284 der 22. Juli; Martyrologium, ebd. S. 113 Rufus. De computo c. 36 S. 247 Großjahr; c. 51 S. 261 f. *horoscopus* und *calculator*; c. 17 S. 221 Sonnenuhr; c. 11 S. 218f. Atom; c. 8 S. 214f. Skrupel. Zum Computus voreilig Murray (wie Anm. 40) S. 152; einläßlich Wesley M. Stevens, Compotistica et Astronomica in the Fulda School, in: Saints, Scholars and Heroes. Studies in Medieval Culture, hg. von Margot H. King – Wesley M. Stevens (1979) S. 27–63; Maria Rissel, Hrabans Liber de computo als Quelle der Fuldaer Unterrichtspraxis in den Artes Arithmetik und Astronomie, in: Hrabanus Maurus und seine Schule, hg. von Winfried Böhne (1980) S. 138–155. Martyrolog: John McCulloh, Hrabanus Maurus' Martyrology. The Method of Composition, Sacris erudiri 23 (1978/79) S. 417–461.

74 Walahfrid Strabo, Visio Wettini v. 183–188, MGH Poetae Latini medii aevi 2 (1884) S. 310 eine irrige Umrechnung: Samstag traf auf 29., nicht 30. Oktober 824. Komputistische Regeln in: Carmen LXXXIX, ebd. S. 422 f., unnötig zu den Dubia abgeschoben. Vorlage war für Nr. 1: Hraban, De computo c. 53 (wie Anm. 73) S. 265; für Nr. 2: c. 34 S. 243; für Nr. 3: c. 59 S. 272; für Nr. 4: c. 83 S. 303. Dazu Wesley M. Stevens, Walahfrid Strabo. A Student at Fulda, in: Historical Papers 1971 of the Canadian Historical Association (1972) S. 13–20. Zu Walahfrids komputistischen Aufzeichnungen Bernhard Bischoff, Eine Sammelhandschrift Walahfrid Strabos (Cod. Sangall. 878), in: Ders., Mittelalterliche Studien. Ausgewählte Aufsätze zur Schriftkunde und Literaturgeschichte 2 (1967) S. 34–51, hier S. 38–41.

75 Wandalbert von Prüm, Epistola, MGH Poetae Latini medii aevi 2 S. 569 Absichtserklärung; De creatione mundi S. 621 f. Weltmaschine; Martyrologium S. 582 Schöpfungsdatum, S. 597 Münstereifel. Dazu John Hennig, Versus de mensibus, Traditio 11 (1955) S. 65–90; Ludolf Kuchenbuch, Bäuerliche Gesellschaft und Klosterherrschaft im 9. Jahrhundert. Studien zur Sozialstruktur der Familia der Abtei Prüm (1978) S. 36 f., 107. Zur Gedächtnisschulung Pierre Riché, Le rôle de la mémoire dans l'enseignement médiéval, in: Jeux de mémoire. Aspects de la mnémotechnie médiévale, hg. von Bruno Roy – Paul Zumthor (1985) S. 133–148.

76 Agius von Corvey, Versus computistici Nr. 2, MGH Poetae Latini medii aevi 4/3 (1923) S. 939 der Hexameter; die Tafeln S. 1178 f.; Nr. 1 S. 937 f. Lob der Zahl. Dazu detailliert Ewald Könsgen, Agius von Corvey, in: Die deutsche Literatur des Mittelalters. Verfasserlexikon 1 (1978) Sp. 78–82. Edition der Verse von 863 bei dems., Eine neue komputistische Dichtung des Agius von Corvey, Mittellateinisches Jahrbuch 14 (1979) S. 66–75.

77 Annales Fuldenses a. 884, MGH Scriptores rerum Germanicarum 7 (1891) S. 112. Zum Autor Hagen Keller, Zum Sturz Karls III., Deutsches Archiv 22 (1966) S. 333–384. Die heutige Literatur- und Geschichtswissenschaft trennt rigoros zwischen erzählter und gezählter Zeit; so Weinrich (wie Anm. 14) S. 46–50, 136–139; Koselleck (wie Anm. 33) S. 144–157. Für das Frühmittelalter gilt das nicht.

78 Le martyrologe d'Adon, hg. von Jacques Dubois (1984) S. 371 Allerheiligen. Bei Quentin (wie Anm. 64) S. 466–674 die beste Analyse des Werkes. Zur Chronik Fritz Landsberg, Das Bild der alten Geschichte in mittelalterlichen Weltchroniken, Diss. phil. Basel (1934) S. 33–36; Brincken (wie Anm. 29) S. 126–128.

79 Le martyrologe d'Usuard, hg. von Jacques Dubois (1965) S. 332 f. Dazu Jacques Dubois, Les martyrologes du moyen âge latin (Typologie des sources du moyen âge occidental 26, 1978) S. 45–56.

80 Hinkmar von Reims, Capitula synodica (von 852) c. 8, MGH Capitula episcoporum 2 (1995) S. 38 *necessarius*; derselbe (um 858), Collectio de ecclesiis et capellis, MGH Fontes iuris Germanici antiqui 14 (1990) S. 101 und Riculf von Soissons, Statuta (von 889) c. 7–8, MGH Capitula episcoporum 2 (1995) S. 103 *memoriter*. Die Anforderungen sind einzeln aufgezählt in dem Synodalordo, In-

quisitio c. 7, hg. von Carlo de Clercq, La législation religieuse franque 2 (1958) S. 410.

81 Helpericus, Liber de computo, Praefatio, hg. von Jacques-Paul Migne, Patrologia Latina 137 (1854) Sp. 17 *ars compoti*; Prologus Sp. 19 *calculatoria ars*; beide Stellen auch MGH Epistolae 6 (1925) S. 117, 119; c. 30 Sp. 40 Augenschein; c. 18 Sp. 32f. Mondlauf. Zur Datierung Patrick McGurk, Computus Helperici. Its Transmission in England in the Eleventh and Twelfth Centuries, Medium Aevum 43 (1974) S. 1–5.

82 Regino von Prüm, De synodalibus causis, Notitia Nr. 93, hg. von Friedrich W. Wasserschleben (1840) S. 26 kleiner *compotus*. Ganz ähnlich, nur mit ausdrücklichem Verzicht auf den *compotus maior:* Commonitorium cuiusque episcopi c. 47, hg. von Jacques-Paul Migne, Patrologia Latina 96 (1851) Sp. 1380. Regino, Chronicon, Praefatio, MGH Scriptores rerum Germanicarum 50 (1890) S. 1 Abfassungsjahr; a. 718 S. 37–40 Zyklenvergleich. Dazu Heinz Löwe, Regino von Prüm und das historische Weltbild der Karolingerzeit, jetzt in: Ders. (wie Anm. 40) S. 149–179, hier S. 171–174; Murray (wie Anm. 40) S. 152f., 451.

83 Aurelianus Reomensis, Musica disciplina c. 8, hg. von Lawrence Gushee (Corpus scriptorum de musica 21, 1975) S. 80, meines Erachtens zu Unrecht in den Variantenapparat verwiesen. Die dem Herausgeber unbekannte Vorlage oben Anm. 49. Zu den gesungenen Merkversen Wolfgang Irtenkauf, Der Computus ecclesiasticus in der Einstimmigkeit des Mittelalters, Archiv für Musikwissenschaft 14 (1957) S. 1–15.

84 Notker Balbulus, Martyrologium, hg. von Jacques-Paul Migne, Patrologia Latina 131 (1853) Sp. 1114 *in hoc ecclesiasticarum historiarum breviario*; Sp. 1070 Markus und Georg; Sp. 1132f. Afra. Dazu grundlegend Ernst Dümmler, Das Martyrologium Notkers und seine Verwandten, Forschungen zur Deutschen Geschichte 25 (1885) S. 195–220, hier S. 202–208.

85 Marc Bloch, Die Feudalgesellschaft (1982) S. 99f. hat 1939 das Verhältnis der Laien zu Zeit und Zahl gültig beschrieben. Die Kenntnisse der Fachleute veranschlagt Georges Duby, Die Zeit der Kathedralen. Kunst und Gesellschaft 980-1420 ([2]1984) S. 40f., 131f. zu gering. Beide Seiten: Murray (Anm. 40) S. 157-167.

86 Johannes Fried, Endzeiterwartung um die Jahrtausendwende, Deutsches Archiv 45 (1989) S. 381-473. Zur dort nur gestreiften Wissenschaftsgeschichte Vf. (wie Anm. 20) S. 13-30. Zu den Auswirkungen auf den monastischen Alltag Josef Semmler, Das Erbe der karolingischen Klosterreform im 10. Jahrhundert, in: Monastische Reformen im 9. und 10. Jahrhundert, hg. von Raymund Kottje – Helmut Maurer (Vorträge und Forschungen 38, 1989) S. 29-78. Zu früheren Voraussagen fränkischer Komputisten oben Anm. 52.

87 Abbo von Fleury, Praefatio commentarii in cyclum Victorii, hg. von Jacques-Paul Migne, Patrologia Latina 139 (1854) Sp. 572, wo *calculatoris* statt *calculatorii* zu lesen ist. Dazu Gillian R. Evans – Alison M. Peden, Natural Science and the Liberal Arts in Abbo of Fleury's Commentary on the Calculus of Victorius of Aquitaine, Viator 16 (1985) S. 109-127, hier zur Wasseruhr S. 119f.; ergänzend McCluskey (wie Anm. 39) S. 20f.

88 Abbo, Fragment und Brief, hg. von Alfred Cordoliani, Abbon de Fleury, Hériger de Lobbes et Gerland de Besançon sur l'ère de l'incarnation de Denys le Petit, Revue d'histoire ecclésiastique 44 (1949) S. 463-487, hier S. 474-480 Beda und Historiker.

89 Abbo, Computus vulgaris, hg. von Jacques-Paul Migne, Patrologia Latina 90 (1854) Sp. 731 *calculator*, Sp. 758 Alphabet, Sp. 953 f. Fuß-Sonnenuhr, Sp. 823 dritter Zyklus (mit falscher Lesung 1615 statt 1065). Dazu Alfred Cordoliani, Les manuscrits de la bibliothèque de Berne provenant de l'abbaye de Fleury au XIe siècle. Le comput d'Abbon, Zeitschrift für schweizerische Kirchengeschichte 52 (1958) S. 135-150. Zu den Tabellen ders., Contribution à la littérature du comput ecclésiastique au moyen âge, Studi medievali III/1 (1960) S. 107-137, 169-208, hier S. 117-137, 169-173. Zu Abbos Gesamtwerk Eva-Maria Engelen, Zeit, Zahl und Bild, Studien zur Verbindung von Philosophie und Wissenschaft bei Abbo von Fleury (1993); Vf. (wie Anm. 20) S. 60-69.

90 Prologus, hg. von José M. Millás Vallicrosa, Assaig d'història de las idees físiques i matemàtiques a la Catalunya medieval 1 (1931) S. 273 f. *computatio*. Sententie astrolabii, ebd. S. 275, 280 *horologium*, S. 281-284 *computare*, S. 284-286 krumme und gerade Stunden. De mensura astrolabii, ebd. S. 298 *numerandi calculatio*. Zur Einordnung dieses Corpus Werner Bergmann, Innovationen im Quadrivium des 10. und 11. Jahrhunderts. Studien zur Einführung von Astrolab und Abakus im lateinischen Mittelalter (1985) S. 122-147; Guy Beaujouan, Les Apocryphes mathématiques de Gerbert, in: Gerberto. Scienza, storia e mito, hg. von Michele Tosi (1985) S. 645-658. Mein Fund des ›Konstanzer Fragments‹ erweist, daß man das Corpus schon um 995 in Fleury kannte; siehe Vf. (wie Anm. 20) S. 30-52, 112-127.

91 Gerbert von Aurillac, De rationali et ratione uti c. 6, hg. von Jacques-Paul Migne, Patrologia latina 139 (1853) Sp. 161 f. Aristoteles, Himmel und Sonne; c. 9 Sp. 164 Zahl und Zeit. Dazu Carla Frova, Gerberto philosophus: il De rationali et ratione uti, in: Gerberto (wie Anm. 90) S. 351-377; Pierre Riché, Gerbert d'Aurillac, le pape de l'an mil (1987) S. 181 f., 189-192.

92 Gerbert, Regulae de numerorum abaci rationibus, hg. von Nicolaus Bubnov, Gerberti opera mathematica (1899) S. 7-11 *digiti* und *articuli*, erläutert in: Commentarius in Gerberti regulas I, 2, 2 S. 252. Gerbert, Geometria VI, 2 S. 80 f. ganze und gebrochene Zahlen; VI, 3 S. 84 f. *abacista*. Zu Gerberts umstrittener Rolle bei der Einführung des Abacus Bergmann (wie Anm. 90) S. 185-215. Die Briefsammlung Gerberts Nr. 183, MGH Briefe der deutschen Kaiserzeit 2 (1966) S. 217 Abacus-Zahl; Nr. 153 S. 180 f. *horologia*. Dazu Landes (wie Anm. 5) S. 53 f., 64 f.; Vf. (wie Anm. 20) S. 52-56; nicht überzeugend McCluskey (wie Anm. 39) S. 21 f. Zur Rationalität des Abacus anregend Murray (wie Anm. 40) S. 163-167.

93 Gerbert (?), Liber de astrolabio III, 3, hg. von Bubnov (wie Anm. 92) S. 126 *computare* ›addieren‹; I, 1 S. 116 kirchliche Dienste; II, 10 S. 122 *calculator* ›Zeiger‹; IX S. 133 *computare* ›ablesen lassen‹. Zur Autorfrage Bergmann (wie Anm. 90) S. 148-163; Beaujouan (wie Anm. 90) S. 651, dem ich wegen der kleinen Ab-

weichungen von Gerberts eigenen Schriften zustimme; siehe Vf. (wie Anm. 20) S. 48, 78. Zum Zeiger Willy Hartner, The Principle and Use of the Astrolabe, jetzt in: Ders., Oriens – Occidens. Ausgewählte Schriften zur Wissenschafts- und Kulturgeschichte 1 (1968) S. 287-311, hier S. 300f., 309f. Zur Wortgeschichte des Zeigers Paul Kunitzsch, Glossar der arabischen Fachausdrücke in der mittelalterlichen europäischen Astrolabliteratur (Nachrichten der Akademie der Wissenschaften in Göttingen Phil.-hist. Kl. Jg. 1982/11, 1983) S. 455-571, hier S. 538f. die zitierte Definition und weitere Belege.

94 De aggregatione naturalium numerorum, hg. von Maximilian Curtze, Die Handschrift No. 14836 der Königlichen Hof- und Staatsbibliothek zu München, Zeitschrift für Mathematik und Physik 40 (1895) Supplement S. 75-142, hier S. 106 *abaciste*, S. 108 *compotiste*. Dazu berichtigend Vf. (wie Anm. 9) S. 77f. Inzwischen fand ich einen zweiten Textzeugen: Biblioteca Apostolica Vaticana, Codex Palatinus latinus 1356 Blatt 115r-116r unter dem Titel *Libellus abaci*.

95 Franco von Lüttich, De quadratura circuli I E, hg. von Menso Folkerts – Alphons J. E. M. Smeur, A Treatise on the Squaring of the Circle by Franco of Liège of about 1050, Archives internationales d'histoire des sciences 26 (1976) S. 59-105, 225-253, hier S. 67. Dazu Paul L. Butzer, Mathematics in the Region Aachen – Liège – Maastricht from Carolingian Times to the 19th Century, Bulletin de la Société Royale de Sciences de Liège 51 (1982) S. 5-30, hier S. 8-10.

96 Notker Labeo, De quatuor questionibus computi, hg. von Paul Piper, Nachträge zur älteren deutschen Literatur (1898) S. 312-318, hier S. 313 *compotista*, S. 317 *calculator*. Dazu noch unersetzt Gabriel Meier, Die sieben freien Künste im Mittelalter, Teil 2, in: Jahresbericht über die Lehr- und Erziehungsanstalt des Benediktinerstiftes Maria Einsiedeln im Studienjahr 1886/87 (1887) S. 3-36, hier S. 11f. Notker fehlt bei Alfred Cordoliani, L'évolution du comput ecclésiastique à Saint Gall du VIIIe au XIIe siècle, Zeitschrift für schweizerische Kirchengeschichte 49 (1955) S. 288-323. Zur Auswirkung auf Ekkehard Vf. (wie Anm. 20) S. 72f.

97 Die Werke Notkers des Deutschen, hg. von James C. King – Petrus W. Tax, 9 (1981) S. 346. Dazu Grimm (wie Anm. 62) Bd. 12 (1885) Sp. 2427f. Den religiösen Hintergrund leugnet Hans Kaletsch, Tag und Jahr. Die Geschichte unseres Kalenders (1970) S. 41.

98 Musica Hermanni Contracti, hg. von Leonard Ellinwood ([2]1952) S. 24 *unanimis omnium assertio et insuperabilis naturae veritas*; S. 18f. Woche und Töne; S. 24 *structura*. Dazu Hans Oesch, Berno und Hermann von Reichenau als Musiktheoretiker (1961) S. 228f., zu abwertend; Vf., Ein Forschungsbericht Hermanns des Lahmen, Deutsches Archiv 40 (1984) S. 379–477, hier S. 397f.; Vf. (wie Anm. 9) S. 94f., 158.

99 Hermannus Contractus, Über das Astrolab c. 8, hg. von Joseph Drecker, Isis 16 (1931) S. 200-219, hier S. 211 Astrolab zugehörig *ad astronomicam horologicamve disciplinam*; c. 5 S. 208 *calculator*, wie oben Anm. 93. De mensura horologii, hg. von Jacques-Paul Migne, Patrologia Latina 143 (1853) Sp. 405-408 Säulchen-Sonnenuhr als *horologicum instrumentum*. Dazu Werner Bergmann, Der Traktat

›De mensura astrolabii‹ des Hermann von Reichenau, Francia 8 (1980) S. 65-103, hier S. 69-75; Vf. (wie Anm. 20) S. 77-82.

100 Hermannus Contractus, Martyrologium, Auszüge hg. von Dümmler (wie Anm. 84) S. 208-213. Dazu Vf. (wie Anm. 98) S. 398-406; John McCulloh, Herman the Lame's Martyrology through Four Centuries of Scholarship, Analecta Bollandiana 104 (1986) S. 349-370.

101 Zum ungedruckten ›Compotus‹ Vf. (wie Anm. 98) S. 427-431, das Zitat S. 428; ohne neue Gesichtspunkte Werner Bergmann, Chronographie und Komputistik bei Hermann von Reichenau, in: Historiographia mediaevalis. Studien zur Geschichtsschreibung und Quellenkunde des Mittelalters. Festschrift für Franz-Josef Schmale (1988) S. 103-117.

102 Hermannus Contractus, Chronicon a. 456, MGH Scriptores 5 (1844) S. 83 und a. 550 S. 88 über irrige Osterberechnung und ihre Berichtigung. Dazu Vf., Hermann der Lahme und die Geschichte, in: Ders. (wie Anm. 61) S. 135-154. Zu den Zweifeln am Lebensende, in den ungedruckten ›Prognostica‹, Vf. (wie Anm. 98) S. 436-440.

103 Necrologium Benedictoburanum, MGH Necrologia Germaniae 1 (1888) S. 4 zum 13. März, mit falscher Lesung *1147*. Dazu richtigstellend Hartmut Hoffmann, Buchkunst und Königtum im ottonischen und frühsalischen Reich 1 (Schriften der MGH 30/1, 1986) S. 431 f. Zu ähnlichen Eintragungen von Lebensdaten des Schreibers in eine komputistische Handschrift aus Ilmmünster Vf. (wie Anm. 9) S. 298 f.

104 Gerlandus, Regulae super abacum, hg. von Peter Treutlein, Scritti inediti relativi al calcolo dell' abaco, Bullettino di bibliografia e di storia delle scienze matematiche e fisiche 10 (1877) S. 595-647, hier S. 595-607 mehrfach *abacistae*. Dazu Alfred Cordoliani, Notes sur un auteur peu connu: Gerland de Besançon, Revue du moyen âge latin 1 (1945) S. 411-419, hier S. 417-419; Vf. (wie Anm. 9) S. 111 f. Zum Computus Alfred Cordoliani, Le comput de Gerland de Besançon, Revue du moyen âge latin 2 (1946) S. 309-313, hier S. 311 zum Kalender. Auszüge aus dem Computus hg. von dems. (wie Anm. 88) S. 484-487, hier S. 484 *calculatores*. Zur Datierung Vf. (wie Anm. 98) S. 465 f.

105 Regulae domni Oddonis super abacum, hg. von Martin Gerbert, Scriptores ecclesiastici de musica sacra potissimum 1 (1784) S. 296; auch hg. von Jacques-Paul Migne, Patrologia Latina 133 (1854) Sp. 807. Zur Autorfrage Vf. (wie Anm. 9) S. 116-118.

106 Honorius Augustodunensis, Eludicarium I, 19, hg. von Yves Lefèvre, L'Elucidarium et les lucidaires (1954) S. 364 Schöpfung; I, 36 S. 367 Satan; I, 90 S. 377 Adam; I, 128 S. 384 Christi Geburt; III, 50 S. 457 Jüngstes Gericht; I, 156-157 S. 389 vierzig Stunden. Dazu Jacques Le Goff, Kultur des europäischen Mittelalters (1970) S. 295 f. Zum Zeitmangel Murray (wie Anm. 40) S. 105-107.

107 Hugo von St. Victor, De tribus maximis circumstantiis gestorum, hg. von William M. Green, Speculum 18 (1943) S. 484-493, hier S. 489-491. Dazu Joachim Ehlers, Hugo von St. Viktor. Studien zum Geschichtsdenken und zur

Geschichtsschreibung des 12. Jahrhunderts (1973) S. 136-155; Vf. (wie Anm. 9) S. 180f.; John B. Friedman, Les images mnémotechniques dans les manuscrits de l'époque gothique, in: Jeux de mémoire (wie Anm. 75) S. 169-184, hier S. 173f. Zum Astrolab Vf. (wie Anm. 20) S. 87f. Zur Buchmetapher Ernst Robert Curtius, Europäische Literatur und lateinisches Mittelalter ([9]1978) S. 319-324; Hans Blumenberg, Die Lesbarkeit der Welt ([2]1983) S. 51-53, über Hugos Gelehrsamkeit schlecht informiert.

108 Guido Augiensis, Regulae de arte musica c. 1, hg. von Edmond de Coussemaker, Scriptorum de musica medii aevi nova series 2 (1867) S. 152. Den Autornamen verbessere ich nach Michael Bernhard, Das musikalische Fachschrifttum im lateinischen Mittelalter, in: Geschichte der Musiktheorie 3 (wie Anm. 36) S. 37-103, hier S. 59.

109 Marianus Scottus, Chronicon a. 1050-1091, MGH Scriptores 5 (1844) S. 556-560 Autobiographie; a. 548 S. 538 Dionysius; a. 700 S. 544 und a. 747 S. 546 Beda als *compotator*. Zum Werk Anna-Dorothee von den Brincken, Marianus Scottus. Unter besonderer Berücksichtigung der nicht veröffentlichten Teile seiner Chronik, Deutsches Archiv 17 (1961) S. 191-238.

110 Bernold, Chronicon, De regularibus patrum, MGH Scriptores 5 S. 393 Hermann als *compotistarum subtilissimus*, a. 1093 S. 457 als *egregius calculator*; vgl. unten Anm. 116. Dazu Vf. (wie Anm. 98) S. 461-463. Zum Kalender Rolf Kuithan – Joachim Wollasch, Der Kalender des Chronisten Bernold, Deutsches Archiv 40 (1984) S. 478-531.

111 Frutolf, Chronica a. 1093, Freiherr vom Stein-Gedächtnisausgabe 15 (1972) S. 106 nennt die Stunde einer Sonnenfinsternis, S. 108 bei einer Mondfinsternis das für den Vollmond gültige Mondalter von 14 Tagen. Dazu Vf. (wie Anm. 98) S. 463f. Zu Frutolfs Kreis Otto Meyer, Weltchronistik und Computus im hochmittelalterlichen Bamberg, jetzt in: Ders., Varia Franconiae Historica 2 (1981) S. 768-787, hier S. 769 *compotistae nostri temporis*, bei Frutolfs Schüler Heimo. Zu diesem Anna-Dorothee von den Brincken, Die Welt- und Inkarnationsära bei Heimo von St. Jakob, Deutsches Archiv 16 (1960) S. 155-194, hier S. 183 *nostri cronografi et compotiste*.

112 Pseudo-Beda, De mundi celestis terrestrisque constitutione I, 50, hg. von Charles Burnett (1985) S. 22, ebenso I, 317-319 S. 44-46. Die Unterscheidung, die im 9. und 10. Jahrhundert undenkbar gewesen wäre, bestätigt die Datierung des Herausgebers S. 1-3 gegen Niermeyer (oben Anm. 72.)

113 Gesta Treverorum c. 21, MGH Scriptores 8 (1848) S. 195. Zu Josua Alfred Haverkamp, Die Juden im mittelalterlichen Trier, Kurtrierisches Jahrbuch 19 (1979) S. 5-57, hier S. 27f.

114 Sigebert von Gembloux, Chronicon a. 532, MGH Scriptores 6 (1844) S. 316 Kritik an Dionysius, ebenso a. 979 S. 352, a. 1076 S. 363. Liber decennalis III, 60, MGH Quellen zur Geistesgeschichte 12 (1986) S. 284f. Dionysius und Moderne; II, 64-71 S. 252-256 Scharfsinn und Wahrheit; III, 7 S. 258f. Marianus. Dazu Vf. (wie Anm. 98) S. 464f.; Joachim Wiesenbach, MGH Quellen zur Geistesgeschichte 12 S. 9-168.

115 Adam von Bremen, Gesta Hammaburgensis ecclesiae pontificum III, 66, MGH Scriptores rerum Germanicarum (^{3}1917) S. 213 *calculare*; I, 35 S. 38 und I, 45 S. 46 *compotus*. Zum Werk Franz-Josef Schmale, Adam von Bremen, in: Die deutsche Literatur des Mittelalters. Verfasserlexikon 1 (1978) Sp. 50-54.

116 Wilhelm von Hirsau, Statuta Hirsaugensia II, 34, hg. von Jacques-Paul Migne, Patrologia Latina 150 (1854) Sp. 1089 liturgische Zeit; II, 44 Sp. 1104 Kornernte. Bernold, Chronicon a. 1091, MGH Scriptores 5 S. 451 *horologium* und *compotus*. Dazu Landes (wie Anm. 5) S. 69f.; Vf. (wie Anm. 98) S. 460f. Zum Astrolab vorerst Vf. (wie Anm. 20) S. 82f.; Joachim Wiesenbach, Wilhelm von Hirsau, Astrolab und Astronomie im 11. Jahrhundert, in: Hirsau St. Peter und Paul 1091-1991, Bd. 2 (1991) S. 109-154. Nur an den Sternen und ihrer Stellung zu einzelnen Klostergebäuden orientierte sich das etwa gleichzeitige nordfranzösische ›Horologium stellare monasticum‹, hg. von Giles Constable, in: Corpus consuetudinum monasticarum 6 (1975) S. 1-18.

117 Elias Steinmeyer – Eduard Sievers, Die althochdeutschen Glossen 3 (^{2}1969) S. 655, nach der Münchner Handschrift 14689 aus St. Emmeram. Zu ihrer Datierung Vf. (wie Anm. 9) S. 138.

118 Wilhelm von Malmesbury, Gesta regum Anglorum II, 118, Rerum Britannicarum scriptores 90/1 (1887) S. 122 *sine computo*. Die alte Bedeutung *lunaris compotus* bei demselben, Gesta pontificum Anglorum IV, 164, ebd. Bd. 52 (1870) S. 300. Zum Astrolab Vf. (wie Anm. 20) S. 86. Zum Bündnis zwischen Königtum und Arithmetik Murray (wie Anm. 40) S. 180f., 194-203.

119 Leges Edwardi Confessoris c. 32 B 13, hg. von Felix Liebermann, Die Gesetze der Angelsachsen 1 (1903) S. 657.

120 Charta Henrici I regis, zitiert nach den Korrekturen von Henry G. Richardson, Henry I's Charter to London, English Historical Review 42 (1927) S. 80-87, hier S. 82. Zu technisch interpretiert Liebermann (wie Anm. 119) Bd. 3 (1916) S. 304 *ad compotum*: Damit habe der König zugesagt die Münzen bloß nachzählen, nicht auf Schrot und Korn prüfen zu lassen. Zur Entstehung des Exchequer zusammenfassend Gerald L. Harriss, Exchequer, in: Lexikon des Mittelalters 4 (1989) Sp. 156-159.

121 Richard Fitz Nigel, Dialogus de scaccario I, 5, hg. von Charles Johnson (^{2}1983) S. 24-26 *calculator*; I, 3 S. 11 *computatores*; I, 14 S. 62 *annales compotorum*. Weitere Belege zu diesem Wortgebrauch: Dictionary of Medieval Latin from British Sources, hg. von Ronald E. Latham, 2 (1981) S. 414f. Adelard von Bath nannte um 1150 den Zeiger des Astrolabs *computator*, womit er kaum Schule machte: Libellus de opere astrolapsus, hg. von Bruce G. Dickey, Adelard of Bath. An Examination based on heretofore unexamined Manuscripts (Diss. phil. Toronto, 1982) S. 200. Dazu Kunitzsch (wie Anm. 93) S. 538f. und unten Anm. 170.

122 Jacques Le Goff, Zeit der Kirche und Zeit des Händlers im Mittelalter, jetzt in: Marc Bloch, Fernand Braudel, Lucien Febvre u. a., Schrift und Materie der Geschichte, hg. von Claudia Honegger (1977) S. 393-414; ders., Wucherzins und Höllenqualen. Ökonomie und Religion im Mittelalter (1988) S. 40-43.

123 Petrus Abaelardus, Dialectica I, 2, 2, 2-3, hg. von Lambertus M. De Rijk ([2]1970) S. 61-65. Dazu Vf., Die historische Zeit bei Abaelard, in: Ders. (wie Anm. 61) S. 155-173.

124 Abaelard, ebd. I, 2, 2, 2 S. 61; I, 2, 3, 2 S. 78; I, 2, 3, 18 S. 108.

125 Abaelard, ebd. I, 2, 2, 1 S. 59 Arithmetik; II, 2, 9 S. 216 f. Astronomie; IV, 1 Prologus S. 469 *mathematica*; I, 2, 3, 10 S. 99 f. Geometrie. Dazu Vf. (wie Anm. 9) S. 212 f. Positiver zur Arithmetik das Frühwerk Theologia Summi boni I, 6, hg. von Ursula Niggli (Philosophische Bibliothek 395, 1988) S. 44-47. Zur Abwertung von Natur und Naturkunde Vf. (wie Anm. 20) S. 85 f., dort das Zitat.

126 Abélard, Historia calamitatum, hg. von Jacques Monfrin ([3]1967) S. 70, 81, 94. Zu Abaelards Desinteresse an Zahlen und Daten Murray (wie Anm. 40) S. 177.

127 Otto von Freising, Chronica sive Historia de duabus civitatibus, Epistola, MGH Scriptores rerum Germanicarum 45 ([2]1912) S. 5 *cronographi*; V, 18 S. 248 Beda; I, 5 S. 43 *annorum supputatio*. John of Salisbury, Historia pontificalis, Prologus, hg. von Marjorie Chibnall (1956) S. 2 f. Beda, *series temporum* und *cronici scriptores*. Zu Daten und Zahlen bei diesen Historikern Murray (wie Anm. 40) S. 174-180. Zur Historisierung der Geschichtsschreibung Bernard Guenée, Les premiers pas de l'histoire de l'historiographie en Occident au XIIe siècle (Académie des inscriptions et belles lettres. Comptes rendus, 1983) S. 136-152.

128 Geschichtsschreibung und Geschichtsbewußtsein im Spätmittelalter, hg. von Hans Patze (Vorträge und Forschungen 31, 1987) S. 81, 551 zeigt, daß die Verbindung zwischen Historiographie und Komputistik nicht ganz abriß, sich aber lockerte.

129 Decretum Gratiani D. 38 c. 5, hg. von Emil Friedberg, Corpus iuris canonici 1 (1879) Sp. 141 f. *computus*, angeblich nach Augustin, tatsächlich nach Haito von Basel (oben Anm. 68); D. 37 c. 10 Sp. 138 Arithmetik, Geometrie, Musik. Zur zweiten Stelle Murray (wie Anm. 40) S. 178.

130 Dazu Adolf P. Juschkewitsch, Geschichte der Mathematik im Mittelalter (1964) S. 175-325, 349-357; W. Montgomery Watt, Der Einfluß des Islam auf das europäische Mittelalter (1988) S. 39-41, 61-67. Zu den Vorbehalten des Kirchenrechts Vf. (wie Anm. 20) S. 93 f.

131 Alfred Nagl, Über eine Algorismus-Schrift des XII. Jahrhunderts und über die Verbreitung der indisch-arabischen Rechenkunst und Zahlzeichen im christlichen Abendlande, Zeitschrift für Mathematik und Physik 34 (1889) Historisch-literarische Abteilung S. 129-146, 161-170. Zur Wiener Handschrift zuletzt Otto Mazal – Eva Irblich, Wissenschaft im Mittelalter ([2]1978) S. 190 Nr. 161. Zum Algorismus Karl Menninger, Zahlwort und Ziffer. Eine Kulturgeschichte der Zahl 2 ([3]1979) S. 225-227 mit Abbildung S. 239. Murray (wie Anm. 40) S. 167-174 kennt die Quellenlage, verliert aber beim Hochmittelalter sein Interesse am Computus. Landes (wie Anm. 5) S. 78 macht die Stadtbürger zu Vorreitern der neuen Arithmetik. Wie spät sie sich wirklich umstellten, betont mit Recht Hans Patze, Neue Typen des Geschäftsschriftgutes im 14. Jahrhundert, in: Der deutsche Territorialstaat im 14. Jahrhundert, hg. von dems., 1 (Vorträge und Forschungen 13/1, 1970) S. 9-64, hier S. 64.

132 Reiner von Paderborn, Compotus emendatus II, 1-4, hg. von Walter E. van Wijk, Le comput emendé de Reinherus de Paderborn (Verhandelingen der K. Nederlandse Akademie N.F. 57/3, 1951) S. 48-50 Rechenfehler, Hermanns Mondmonat; I, 24 S. 44-46 Mondlauf; I, 12 S. 28 Moses; II, 4 S. 50 Alter des jüdischen Kalenders; II, 7 S. 56 Weltschöpfung; I, 1 S. 16 *compotus*; II, 8-15 S. 56-70 Auferstehung Christi; Praefatio S. 10 Kirche und Ansehen. Zum wirklichen Alter des jüdischen Kalenders oben Anm. 29. Näherer Untersuchung bedarf der Bildungsgang Reiners, dessen Name sogar bei Peter Classen, Studium und Gesellschaft im Mittelalter (Schriften der MGH 29, 1983) fehlt, ebenso wie in: Schulen und Studium im sozialen Wandel des hohen und späten Mittelalters, hg. von Johannes Fried (Vorträge und Forschungen 30, 1986).

133 Magister Gregorius, Narracio de mirabilibus urbis Romae c. 12, hg. von Robert B. C. Huygens (Textus minores 42, 1970) S. 20f. Dioskuren; c. 29 S. 28f. Caesars Grab. Dazu Gerd Tellenbach, Die Stadt Rom in der Sicht ausländischer Zeitgenossen (800-1200), Saeculum 24 (1973) S. 1-40, hier S. 10, 35-37; John Osborne, Master Gregorius, The Marvels of Rome (1987) S. 60, 88-94. Die ältere Tradition: Mirabilia urbis Rome c. 26, hg. von Percy Ernst Schramm, Kaiser, Rom und Renovatio 2 (1929) S. 88f. Dioskuren; c. 13 S. 80 Caesars Grab.

134 Alexander de Villa Dei, Massa compoti, Praefatio, hg. von Walter E. van Wijk, Le nombre d'or. Étude de chronologie technique (1936) S. 52 Definitionen, Caesar. Das v. 281 f. S. 59 genannte Beispieljahr 1200 muß, worauf mich Reinhard Elze hinwies, nicht das Abfassungsjahr sein, wie Wijk S. 31 meinte. Zu den Merkversen und ihrer Wirkung Bernhard Bischoff, Ostertagtexte und Intervalltafeln, in: Ders. (wie Anm. 74) S. 192-227. Zum kleinen Computus oben Anm. 82.

135 Iohannes de Sacro Busto (!), Libellus de anni ratione seu ut vocatur vulgo Computus ecclesiasticus, hg. von Philipp Melanchthon (Neudruck 1558) Bl. I 6 v Definition; Bl. M 8 r Schalttag; Bl. O 1 r Konzil. Zum Autor zuletzt Francis B. Brévart – Menso Folkerts, Johannes de Sacrobosco, in: Die deutsche Literatur des Mittelalters. Verfasserlexikon 4 (1983) Sp. 731-736; zum Computus Vf. (wie Anm. 98) S. 468. Zur Stellung der Astronomie und des Astrolabs in der Universität Vf. (wie Anm. 20) S. 94-96.

136 Vinzenz von Beauvais, Speculum doctrinale XVI, 9 (1624) Sp. 1509. Zuvor wiederholte er XVI, 6 Sp. 1507 wörtlich Isidors aus Cassiodor übernommenes Lob des *computus* (oben Anm. 47). Begründung seiner Datierweise: Apologia actoris c. 5, hg. von Anna-Dorothee von den Brincken, Geschichtsbetrachtung bei Vincenz von Beauvais, Deutsches Archiv 34 (1978) S. 410-499, hier S. 471.

137 Albertus Magnus, Summa theologica II, 11, 59, in: Opera omnia, hg. von Auguste Borgnet, 32 (1895) S. 586 *in computo ecclesiastico.* Thomas von Aquin, In quattuor libros Sententiarum IV, 13, 1, 2 d, in: Opera omnia, hg. von Roberto Busa, 1 (1980) S. 491 *secundum ecclesiae computum.* Dazu Anneliese Maier, Die Subjektivierung der Zeit in der scholastischen Philosophie, Philosophia naturalis 1 (1950/52) S. 361-398, hier S. 369-371, 376-379; zur Einschätzung des

Astrolabs Vf. (wie Anm. 20) S. 96f. Auf eine zunächst periphere Ausnahme weist mich Michael Bernhard hin: Pariser Musiktheoretiker hielten im späten 13. Jahrhundert an der aristotelischen Definition von Zeit als Zahl fest. Belege bei Ulrich Michels, Die Musiktraktate des Johannes de Muris (1970) S. 72. Zur Auswirkung unten Anm. 157.

138 Roger Bacon, Compotus, Prologus, in: Opera hactenus inedita, hg. von Robert Steele, 6 (1926) S. 2f. Bacon benutzte die Definition von Robert Grosseteste, Compotus factus ad correctionem communis kalendarii nostri c. 1, ebd. S. 213. Zu Grosseteste Vf. (wie Anm. 98) S. 468f.; Richard C. Dales, The Computistical Works ascribed to Robert Grosseteste, Isis 80 (1989) S. 74-79. Zur Dreiteilung oben Anm. 58.

139 Bacon, ebd. II, 18-19 S. 146-150 Kritik am Kalender; II, 1 S. 87-89 *compotiste*. Dazu Vf. (wie Anm. 98) S. 470f. Zu Bacons Urteil über das Astrolab Vf. (wie Anm. 20) S. 97f. Zu den islamischen Wasseruhren Eilhard Wiedemann – Fritz Hauser, Über die Uhren im Bereich der islamischen Kultur (Nova Acta Leopoldina 100/5, 1915); Donald R. Hill, Arabic Water-Clocks (1981); zu den Sonnenuhren Karl Schoy, Gnomonik der Araber (Die Geschichte der Zeitmessung und der Uhren, hg. von Ernst von Bassermann-Jordan, 1 F, 1925).

140 Roger Bacon, Opus maius IV, hg. von John H. Bridges 1 (1897) S. 187-210, 269-285. Die Behauptung von Crombie (wie Anm. 57) S. 53, Bacons Reformvorschläge seien 1582 verwirklicht worden, ignoriert den fundamentalen Wandel in der Auffassung von Zeit und Zahl zwischen dem 13. und dem 16. Jahrhundert.

141 Gulielmus Durandus, Rationale divinorum officiorum VIII, 1 (1568) Bl. 466 r Definition; VIII, 10 Bl. 478 v Irrtümer, ebenso VIII, 11 Bl. 479 r; Datierung 1286 nach VIII, 9 Bl. 477 v. Die Spezialforschung übersieht den komputistischen Teil; Georg Steer, Durandus, in: Die deutsche Literatur des Mittelalters. Verfasserlexikon 2 (1980) Sp. 245-247 referiert ihn wenigstens.

142 Lynn Thorndike, Computus, Speculum 29 (1954) S. 223-238, sammelt S. 224-227 Werke des 14. und 15. Jahrhunderts, die noch den Titel ›Computus‹ trugen, meist mit popularisierendem Zusatz. Die Liste wäre zu ergänzen, etwa um die Schrift des Konstanzer Schulmeisters Burkard Fry, Instructio parochorum de computo ecclesiastico von 1436. Problembewußtere Autoren wählten inzwischen andere Titel.

143 Johannes von Montpellier, Tractatus quadrantis, hg. von Nan L. Hahn, Medieval Mensuration: Quadrans vetus and Geometrie due sunt partes principales (Transactions of the American Philosophical Society Bd. 82/8, 1982) S. 6-113. Zur Geschichte des Sonnenquadranten ebd. S. XXIII-XXXVI mit älterer Literatur; zu ergänzen ist Ernst Zinner, Deutsche und niederländische astronomische Instrumente des 11.-18. Jahrhunderts ([2]1967) S. 154-163. Zu den verbleibenden Fehlern Margarida Archinard, The Diagram of Unequal Hours, Annals of Science 47 (1990) S. 173-190.

144 Robertus Anglicus, Commentarius in Sphaeram c. 11, hg. von Lynn Thorndike, The Sphere of Sacrobosco and Its Commentators (1949) S. 179f. Dazu

Lynn Thorndike, Invention of the Mechanical Clock about 1271 A.D., Speculum 16 (1941) S. 242 f., am genauesten; Lynn White jr., Die mittelalterliche Technik und der Wandel der Gesellschaft (1968) S. 98-100, mit schiefen Urteilen über die Geschichte des Astrolabs; ausgeklammert ist es bei Donald R. Hill, A History of Engineering in Classical and Medieval Times (1984) S. 241-245. Im ganzen treffender Jenzen (wie Anm. 59) S. 15-28, den das Studium von Roberts Sätzen vor theologischen Fehlschlüssen gewarnt hätte.

145 Brunetto Latini, Li livre dou tresor I, 118, 3, hg. von Francis J. Carmody ([2]1975) S. 103 *conteour*; I, 118, 6 S. 104 *li contes*. Bono Giamboni übersetzte die Stelle alsbald mit *conto*. Dazu mit weiteren Belegen Salvatore Battaglia, Grande dizionario della lingua italiana 3 (1964) S. 436 f., 660-664. Zum erhöhten Zahlenbewußtsein der Geschichtsschreibung Murray (wie Anm. 40) S. 180-187, zum Handel S. 189-194.

146 Dante Alighieri, Il Fiore VIII, 3, in: Opere minori, hg. von Domenico De Robertis – Gianfranco Contini, 1/1 (1984) S. 572 Abrechnung; CLIV, 5 S. 720 Ausgleich. Dazu Enciclopedia Dantesca, hg. von Umberto Bosco, 2 (1970) S. 178.

147 Wilhelm Meyer-Lübke, Romanisches etymologisches Wörterbuch ([3]1935) S. 199 zum Wort. Zur Sache Menninger (wie Anm. 131) S. 245 f.

148 Peter Herde, Beiträge zum päpstlichen Kanzlei- und Urkundenwesen im dreizehnten Jahrhundert ([2]1967) S. 181-190. Zur Nachwirkung unten Anm. 193.

149 Ducange (wie Anm. 28) Sp. 473 f. zum Wort. Zur Sache zusammenfassend Elisabeth Lalou, Chambre des comptes, in: Lexikon des Mittelalters 2 (1983) Sp. 1673-1675.

150 Grimm (wie Anm. 62) Bd. 11 (1873) Sp. 1743 zum Wort. Zur Sache Menninger (wie Anm. 131) S. 161.

151 MGH Constitutiones et acta publica imperatorum et regum 1 (1893) S. 487 Nr. 341 Kaiserurkunde von 1191. Dazu Wilhelm Erben, Die Kaiser- und Königsurkunden des Mittelalters in Deutschland, Frankreich und Italien (1907) S. 324-326. Corpus der altdeutschen Originalurkunden bis zum Jahr 1300, hg. von Friedrich Wilhelm, 1 (1932) S. 46-53 Nr. 26 Luzerner Urkunde von 1252.

152 Rolf M. Kully, Cisiojanus. Comment savoir le calendrier par coeur, in: Jeux de mémoire (wie Anm. 75) S. 149-156 zur lateinischen Fassung. Zu den deutschen Versionen Arne Holtorf, Cisioianus, in: Die deutsche Literatur des Mittelalters. Verfasserlexikon 1 (1978) Sp. 1285-1289.

153 Arnold Esch, Zeitalter und Menschenalter. Die Perspektiven historischer Periodisierung, Historische Zeitschrift 239 (1984) S. 309-351, hier S. 333-349.

154 Alexander von Roes, Noticia seculi c. 6-7, MGH Staatsschriften des späteren Mittelalters 1/1 (1958) S. 151 f.; c. 20-23 S. 167-171. Dazu Herbert Grundmann, Über die Schriften des Alexander von Roes, jetzt in: Ders. (wie Anm. 7) S. 196-274, hier S. 202-206; Bernhard Töpfer, Das kommende Reich des Friedens. Zur Entwicklung chiliastischer Zukunftshoffnungen im Hochmittelalter (1964) S. 45 f., 146 f. Zur Endzeitstimmung von 1240-60 Hans Martin Schaller, Endzeit-Erwartung und Antichrist-Vorstellungen in der Politik des

13. Jahrhunderts, in: Festschrift für Hermann Heimpel, 2 (Veröffentlichungen des Max-Planck-Instituts für Geschichte 36/2, 1972) S. 924-947.

155 Elias Salomon, Scientia artis musicae c. 17, hg. von Gerbert (wie Anm. 105) Bd. 3 (1784) S. 36. Dazu, ohne dieses Zeugnis zu kennen, Paul Lehmann, Blätter, Seiten, Spalten, Zeilen, in: Ders. (wie Anm. 42) Bd. 3 (1960) S. 1-59, hier S. 17-25. Zu den Widerständen gegen indische Ziffern Menninger (wie Anm. 131) S. 244 f.; Murray (wie Anm. 40) S. 169-172.

156 Exafrenon pronosticacionum temporis c. 1, hg. von John D. North, Richard of Wallingford. An edition of his writings with introductions, English translation and commentary 1 (1976) S. 184-192. Übersetzt wurde *compotestas* im späten 14. Jahrhundert noch halb französisch *countoures*, ebd. S. 187. Zum Werk ebd. Bd. 2 (1976) S. 83-97, 100-102. Die These von der Mutlosigkeit des 14. Jahrhunderts bei Hans Blumenberg, Der Prozeß der theoretischen Neugierde ([2]1980) S. 151-157.

157 Bernhard Schimmelpfennig, Heiliges Jahr, in: Lexikon des Mittelalters 4 (1989) Sp. 2024 f. zu Bonifaz und Clemens. Johannes de Muris, Notitia artis musicae II, 1, hg. von Ulrich Michels (Corpus scriptorum de musica 17, 1972) S. 65 Maß der Bewegung. Arithmetica speculativa I, 1, hg. von Hubertus L. L. Bussard, Die ›Arithmetica speculativa‹ des Johannes de Muris, Scientiarum Historia 13 (1971) S. 103-132, hier S. 116 Unterscheidung der Zahlen. Zu Leben und Werken, auch astronomischen und astrologischen, Michels (wie Anm. 137) S. 1-15, über Zeit und Zahl S. 69-75. Zu den musiktheoretischen Vorstufen oben Anm. 137.

158 Ferdinand Kaltenbrunner, Die Vorgeschichte der Gregorianischen Kalenderreform (Sitzungsberichte der Österreichischen Akademie der Wissenschaften Phil.-hist. Kl. 82/3, 1876) S. 289-414, hier S. 315-322 zum Umfeld der ›Epistola‹. Ihr Text wird ediert und ausgewertet von Christine Gack-Scheiding, Johannes de Muris, Epistola super reformatione antiqui kalendarii (MGH Studien und Texte 11, 1995).

159 Regule seu proprie canones qui dicuntur Pheffer Kuchel, hg. von Thorndike (wie Anm. 142) S. 234-238, das Zitat S. 238.

160 Anneliese Maier, ›Ergebnisse‹ der spätscholastischen Naturphilosophie, jetzt in: Dies., Ausgehendes Mittelalter. Gesammelte Aufsätze zur Geistesgeschichte des 14. Jahrhunderts 1 (1964) S. 425-457 zusammenfassend; zu Einzelheiten der Bewegungslehre Edward Grant, Das physikalische Weltbild des Mittelalters (1980) S. 66-105. Eine mittelenglische Liste von *Calculatours*, hg. von North (wie Anm. 156) Bd. 3 (1976) S. 140 f. verzeichnete im späten 14. Jahrhundert Astronomen und Astrologen.

161 White (wie Anm. 144) S. 97-102; Jean Gimpel, Die industrielle Revolution des Mittelalters (1980) S. 147-168, beide zu technikgläubig. Zu den geistigen Wandlungen Jean Leclercq, Zeiterfahrung und Zeitbegriff im Spätmittelalter, in: Antiqui und moderni. Traditionsbewußtsein und Fortschrittsbewußtsein im späten Mittelalter, hg. von Albert Zimmermann (Miscellanea Mediaevalia 9, 1974) S. 1-20. Zum sozialgeschichtlichen Umfeld Ferdinand Seibt, Die Zeit

als Kategorie der Geschichte und als Kondition des historischen Sinns, in: Die Zeit (wie Anm. 24) S. 145-188, hier S. 164-173. Zu den physikalischen Voraussetzungen Janich (wie Anm. 16) S. 228-245. Umfassend, jedoch auf die Neuzeit-Perspektive zugespitzt Landes (wie Anm. 5) S. 70-82.

162 Jenzen (wie Anm. 59) S. 11-36 zur Entstehung der Räderuhr aus Astrolab und Wasseruhr; Klaus Maurice, Die deutsche Räderuhr. Zur Kunst und Technik des mechanischen Zeitmessers im deutschen Sprachraum 2 (1976) S. 16f. Nr. 34 zur Nürnberger Uhr; ebd. Bd. 1 (1976) S. 33f. zur dortigen Stundenteilung. Zu Beda oben Anm. 59. Zum Wort *Uhr* Grimm (wie Anm. 62) Bd. 23 (1936) Sp. 731-738.

163 Hermann Heimpel, Der Mensch in seiner Gegenwart. Acht historische Essais ([2]1957) S. 11, 49f., 59f. Ungleichzeitigkeit und Gangunterschiede. Zur Uhrmetapher Otto Mayr, Die Uhr als Symbol für Ordnung, Autorität und Determinismus, in: Die Welt als Uhr. Deutsche Uhren und Automaten 1550-1650, hg. von Klaus Maurice – Otto Mayr (1980) S. 1-9, hier S. 2f. Zur Buchmetapher oben Anm. 107.

164 Heinrich Seuse, Horologium sapientiae, Prologus, hg. von Pius Künzle (1977) S. 364f. Dazu die Einleitung ebd. S. 55-71; Leclercq (wie Anm. 161) S. 17-19.

165 Reiner Dieckhoff, Antiqui – moderni. Zeitbewußtsein und Naturerfahrung im 14. Jahrhundert, in: Die Parler und der schöne Stil 1350-1400. Europäische Kunst unter den Luxemburgern, hg. von Anton Legner, 3 (1978) S. 67-93, hier S. 67f. Lorenzetti. Zur Deutung fachkundig Ernst Jünger, Das Sanduhrbuch (1954) S. 119-192; einseitig nautisch Robert T. Balmer, The Operation of Sand Clocks and Their Medieval Development, Technology and Culture 19 (1978) S. 615-632. Zu Isidor oben Anm. 48.

166 Richard von Wallingford, Tractatus horologici astronomici, hg. von North (wie Anm. 156) Bd. 1 S. 444-523 die Uhr. Dazu ebd. Bd. 2 S. 315-320, 361-370; Landes (wie Anm. 5) S. 83f. Declaraciones super kalendarium regine, hg. von North, Bd. 1 S. 558-563 Horoskope. Dazu ebd. Bd. 2 S. 371-378. Zusammenfassend ders., Astrologie, in: Lexikon des Mittelalters 1 (1980) Sp. 1141-1143 und ders., Horoscopes and History (Warburg Institute Surveys 13, 1986).

167 Nicole Oresme, Le Livre du ciel et du monde II, 2, hg. von Albert D. Menut – Alexander J. Denomy (1968) S. 282 Regelmäßigkeit, S. 288 Gang. Dazu Heribert M. Nobis, Astrarium, in: Lexikon des Mittelalters 1 (1980) Sp. 1134f.

168 Jacques Le Goff, Die Arbeitszeit in der ›Krise‹ des 14. Jahrhunderts. Von der mittelalterlichen zur modernen Zeit, in: Ders., Für ein anderes Mittelalter. Zeit, Arbeit und Kultur im Europa des 5.-15. Jahrhunderts, hg. von Dieter Groh (1984) S. 29-42. Wie eine öffentliche Räderuhr ohne königlichen Befehl das städtische Leben reglementierte, zeigt das Beispiel Frankfurt am Main, bei Jenzen (wie Anm. 59) S. 37-66. Le Goffs Ansatz wird weiter differenziert von Gerhard Dohrn-van Rossum, Zeit der Kirche, Zeit der Händler, Zeit der Städte, in: Zerstörung und Wiederaneignung von Zeit, hg. von Rainer Zoll (1988) S. 89-119.

169 Exhortatio ad concilium generale Constantiense super correctione calendarii

c. 1, hg. von Giovanni Domenico Mansi, Sacrorum conciliorum nova et amplissima collectio 28 (1785) Sp. 371 Moneten; c. 3 Sp. 374 präzise Wahrheit; c. 2 Sp. 372 f. Komputistik und Astronomie; c. 6 Sp. 380 Jahresdauer und Hebräer. Dazu Kaltenbrunner (wie Anm. 158) S. 326-336. Die Beziehung der Konzilien zum Computus ist der neueren Forschung gleichgültig; siehe die Übersicht des Herausgebers in: Das Konstanzer Konzil, hg. von Remigius Bäumer (Wege der Forschung 415, 1977) S. 3-34.

170 Geoffrey Chaucer, A Treatise on the Astrolabe I, 21, in: The Works, hg. von Fred N. Robinson ([2]1957) S. 549 *to calcule* und *Calculer* (der *calculator* von oben Anm. 93 und 99); Prologue S. 546 Astrologe und Tafeln; I, 11 S. 547 Kalender. Astrologie, Tafeln und *to calcule* auch in The Canterbury Tales V, 1261-1284 S. 141. The Romaunt of the Rose B, 5026 S. 612 *compte*. Zu Chaucers Astrolab Vf. (wie Anm. 20) S. 100 f.

171 The Booke of the Pylgrymage of the Sowle V, 1, hg. von Katherine I. Cust (1859) S. 73 f. *this compute*, nämlich die Gleichung von *seculum* und Jahrhundert, als Werk des *Competister in the Craft of Kalendar*. Zur Autorfrage ebd. S. IV; Walter F. Schirmer, John Lydgate. Ein Kulturbild aus dem 15. Jahrhundert (1952) S. 104. Zu *computacioun*: Middle English Dictionary, hg. von Hans Kurath u. a., 2/1 (1959) S. 478.

172 Nikolaus von Cues, Die Kalenderverbesserung. De correctione kalendarii c. 2, hg. von Viktor Stegemann – Bernhard Bischoff (1955) S. 14 pünktliche Wahrheit, S. 18 Menschenverstand; c. 10 S. 84 Mißverhältnis, S. 86 frühere Regelmäßigkeiten; c. 9 S. 80 Astronomenart; c. 3 S. 22 Komputistenweise; c. 7 S. 56 falsche Fixierung; c. 8 S. 68-72 Reformvorschläge; c. 9 S. 76-80 Hebräer und Griechen; c. 10 S. 86-88 Einwände. Dazu ebd. S. XIII-LXXVIII; Erich Meuthen, Nikolaus von Kues 1401-1464. Skizze einer Biographie ([6]1985) S. 39 f. Wie Zemanek (wie Anm. 8) S. 30, 32 zeigt, ist der byzantinisch-orthodoxe Kalender tatsächlich der genaueste unter den bis heute geltenden.

173 Rudolf Klug, Johannes von Gmunden, der Begründer der Himmelskunde auf deutschem Boden (Sitzungsberichte der Österreichischen Akademie der Wissenschaften Phil.-hist. Kl. 222/4, 1943) S. 71-85; Konradin Ferrari d'Occhieppo, Die Osterberechnung als Kalenderproblem von der Antike bis Regiomontanus, in: Regiomontanus-Studien, hg. von Günther Hamann (Sitzungsberichte der Österreichischen Akademie der Wissenschaften Phil.-hist. Kl. 364, 1980) S. 91-108, hier S. 105 f.

174 Nicolaus Copernicus, De revolutionibus, Praefatio, hg. von Heribert M. Nobis – Bernhard Sticker (1984) S, 4 f. Kalenderreform und Weltmaschine; III, 11 S. 213 f. Zeitenberechnung und Historie. Dazu Hans Blumenberg, Die Genesis der kopernikanischen Welt 1 (1981) S. 247-271 zum Wahrheitsbegriff, Bd. 2 (1981) S. 503-606 zum Zeitbegriff, wobei die Kalenderfrage S. 533 zu kurz kommt. Zur Abwertung des Astrolabs Vf. (wie Anm. 20) S. 102-105.

175 Zu den Bauernkalendern Nils Lithberg, Computus, med särskild hänsyn till runstaven och den borgerliga kalendern (1953) S. 104-210, 244-282; Ludwig Rohner, Kalendergeschichten und Kalender (1978) S. 33-35. In Öster-

reich und der Schweiz erscheinen derartige Bauernkalender noch jetzt im Druck.

176 Paul Lehmann, Einteilung und Datierung nach Jahrhunderten, in: Ders. (wie Anm. 42) Bd. 1 ([2]1959) S. 114-129; richtiger Johannes Burkhardt, Die Entstehung der modernen Jahrhundertrechnung. Ursprung und Ausbildung einer historiographischen Technik von Flacius bis Ranke (1971) S. 11-28.

177 Friedrich K. Ginzel, Handbuch der mathematischen und technischen Chronologie 3 (1914) S. 257-266 die Details. Jüngste Gesamtdarstellung: Gregorian Reform of the Calendar, hg, von George V. Coyne (1983). Neueste mathematisch-chronologische Kritik bei Zemanek (wie Anm. 8) S. 29-34. Jüngste wirkungsgeschichtliche Übersicht bei Gerhard Römer, Kalenderreform und Kalenderstreit im 16. und 17. Jahrhundert, in: Kalender im Wandel der Zeiten, hg. von der Badischen Landesbibliothek (1982) S. 70-84. Zum ›Missale Romanum‹ eigenwillig Joachim Mayr, Der Computus ecclesiasticus, Zeitschrift für katholische Theologie 77 (1955) S. 301-330.

178 Giordano Bruno, L'asino cillenico del Nolano, in: Dialoghi italiani, hg. von Giovanni Aquilecchia ([3]1958) S. 922. Dazu Frances A. Yates, Giordano Bruno in der englischen Renaissance (1989) S. 69-82; Gerhart von Graevenitz, Mythos. Zur Geschichte einer Denkgewohnheit (1987) S. 1-33.

179 Montaigne, Essais III, 10, hg. von Maurice Rat, 2 (1962) S. 455 f. ein anderer; III, 11 S. 472 f. Zeitrechnung. Dazu Hans Blumenberg, Lebenszeit und Weltzeit ([2]1986) S. 148-152. Zum späteren Inhalt von *computiste* unten Anm. 193.

180 Joseph Justus Scaliger, Opus novum de emendatione temporum (1583) S. 294-379 zehn *computi*; S. 380-431 eigene Darstellung, hier S. 405 *doctrina annalis*. Dazu Walter E. van Wijk, Het eerste leerboek der technische tijdrekenkunde (1954) S. 1-6.

181 Joseph Justus Scaliger, Thesaurus temporum, Faksimile, hg. von Hellmut Rosenfeld – Otto Zeller, 1 (1968) Teil 1 S. 1-197 Eusebios und Hieronymus; Bd. 2 (1968) Teil 3 S. 240 *computus manualis*, S. 117 Zeit, S. 276 *chronologi*, S. 308 Alfons und Kopernikus, S. 276-309 *tempus historicum*, S. 273 f., 309 f. *tempus prolepticon*, S. 274 f. *computus ecclesiasticus*, S. 277 *computatores*. Dazu Anthony T. Grafton, Joseph Scaliger (1540-1609) and the Humanism of the Later Renaissance, Diss. phil. Chicago (1975) S. 173-220 über den historischen Umkreis, Zemanek (wie Anm. 8) S. 61-74, 122-129 über die mathematisch-chronologischen Konsequenzen bis auf die heutige Stunde. Scaliger würde unser Beispieldatum, den 2. März 1988 18 Uhr, mit 2447223,75 beziffern.

182 Adalbert Klempt, Die Säkularisierung der universalhistorischen Auffassung. Zum Wandel des Geschichtsdenkens im 16. und 17. Jahrhundert (1960) S. 81-89, wo bei der Suche nach Vorläufern der wichtigste, Beda, übersehen ist (oben Anm. 63). Alle Vorgänger ignoriert Kaletsch (wie Anm. 97) S. 80.

183 Bruno von Freytag Löringhoff, Wilhelm Schickard und seine Rechenmaschine von 1623, in: Dreihundertfünfzig Jahre Rechenmaschinen, hg. von Martin Graef (1973) S. 11-20, hier S. 11 f. die Zitate. Dazu Michael R. Williams, A History of Computing Technology (1985) S. 123-128.

184 Pascal, La machine d'arithmétique, in: Oeuvres complètes, hg. von Louis Lafuma (1963) S. 187-191 Beschreibung. De l'esprit géométrique S. 349-351 Zeit und Zahl. Pensées Nr. 199-72 S. 526f. Gott und Mensch, Nr. 456-618 S. 561 Juden, Nr. 821-252 S. 604 *automate*, Nr. 741-340 S. 596 denkende Maschine. Dazu Williams (wie Anm. 183) S. 128-134; Herbert Heckmann, Die andere Schöpfung. Geschichte der frühen Automaten in Wirklichkeit und Dichtung (1982) S. 90f. Zur Mechanisierung des Weltbilds im 17. Jahrhundert kunterbunte, aber lehrreiche Einzelheiten ebd. S. 165-209.

185 Ludolf von Mackensen, Von Pascal zu Hahn. Die Entwicklung von Rechenmaschinen im 17. und 18. Jahrhundert, in: Dreihundertfünfzig Jahre (wie Anm. 183) S. 21-33; Williams (wie Anm. 183) S. 134-150 allgemein, S. 92-97 Schott.

186 Des Abenteurlichen Simplicissimi Ewig-währender Calender, Faksimile, hg. von Klaus Habermann (1967) S. 4f. Inhalt der sechs Spalten; S. 60 (II) b der 18. März, S. 45 a *Calendermacher*, S. 11 a Zeitdefinition, S. 29 a-31 a Schöpfungsdatum, S. 39 a Ostern, S. 47 a-49 a Geschichte des Kalenders; S. 91 a Lügen der Kalenderschreiber. Zur Redensart Grimm (wie Anm. 62) Bd. 11 (1873) Sp. 63. Zum Werk Habermann, Beiheft (zur Faksimile-Ausgabe, 1967) S. 15-46; Rohner (wie Anm. 175) S. 119-158. Bei Johann Peter Hebel, Der Rheinländische Hausfreund 1808-1819, Faksimile, hg. von Ludwig Rohner (1981) S. 146 war 1812 *wir Sternseher und Calendermacher* zugleich ironischer und gelehrter gemeint.

187 Pseudodoxia epidemica VI, 1, in: The Works of Sir Thomas Browne, hg. von Geoffrey Keynes, 2 (^{2}1964) S. 409 *exact compute*, S. 403 Beda und Scaliger; VI, 4 S. 419 *Computers*; VI, 8 S. 454f. *Computists*. Dazu Vf., Der Turmbau von Babel. Geschichte der Meinungen über Ursprung und Vielfalt der Sprachen und Völker 3/1 (1960) S. 1317f.

188 Swift, A Tale of a Tub c. 7, in: Prose Works, hg. von Herbert Davis, 1 (1965) S. 91-93. Jüngere Belege zu *Computer*: The Oxford English Dictionary, hg. von James A. Murray u. a., 2 (1933) S. 750.

189 Swift, Gulliver's Travels III, 5, hg. von Davis (wie Anm. 188) Bd. 11 (1965) S. 182-185, mit skurriler Zeichnung. Dazu Klaus Arnold, Geschichtswissenschaft und elektronische Datenverarbeitung (Historische Zeitschrift Beiheft N. F. 3, 1974) S. 98-148, hier S. 101f.; im Rahmen der Automatenbegeisterung und -kritik des 18. Jahrhunderts Heckmann (wie Anm. 184) S. 235-280.

190 Koselleck (wie Anm. 33) S. 9-13 zum allgemeinen Wandel; doch würde ich Neuerungen der historischen Chronologie und der physikalisch-astronomischen Chronometrie den *geschichtlichen Zeiten* zuordnen, nicht der angeblich *einen, naturhaften Zeit*. Zu den Chronometern Landes (wie Anm. 5) S. 129f., 145-186.

191 Leibniz, Nouveaux essais sur l'entendement humain, Préface, in: Die philosophischen Schriften, hg. von Carl I. Gerhardt, 5 (1882) S. 48 Gegenwart; II, 14 S. 138-140 Zeit; II, 16 S. 143 Zahl. Dazu Böhme (wie Anm. 12) S. 195-256, hier S. 199 das Newton-Zitat; Manfred Eigen, Evolution und Zeitlichkeit, in: Die Zeit (wie Anm. 24) S. 35-57; zur historischen Zeit zuletzt Waldemar Voisé,

On Historical Time in the Works of Leibniz, in: The Study of Time, hg. von Julius T. Fraser – Nathaniel Lawrence, 2 (1975) S. 114-121.

192 Giambattista Vico, La scienza nuova seconda I, 1, hg. von Fausto Nicolini ([4]1953) S. 37-72 chronologische Tafel; X, 1-2 S. 357-364 poetische Chronologie. Dazu Friedrich Meinecke, Die Entstehung des Historismus, in: Werke 3, hg. von Carl Hinrichs (1965) S. 53-69, hier wie im folgenden ohne Berücksichtigung chronologischer Aspekte; schärfer analysierend Graevenitz (wie Anm. 178) S. 65-84; Hans Robert Jauß, Mythen des Anfangs: Eine geheime Sehnsucht der Aufklärung, in: Ders., Studien zum Epochenwandel der ästhetischen Moderne (1989) S. 23-66, hier S. 23-31.

193 Voltaire, Essai sur les moeurs et l'esprit des nations c. 1, hg. von René Pomeau, 1 (1963) S. 205-209. Dazu Meinecke (wie Anm. 192) S. 73-115, hier S. 76 Bourgeoisie. Nach Zemanek (wie Anm. 8) S. 93 beginnt der chinesische Zyklus noch etwas früher, 2637 v. Chr. Encyclopédie ou dictionnaire raisonné des sciences, des arts et des métiers, hg. von Denis Diderot, 3 (1753) S. 798 definierte *comput* als *calcul*, hauptsächlich chronologisches zur Kalenderberechnung; *computiste* war nur noch ein päpstlicher Finanzbeamter, wie oben Anm. 148.

194 Johann Gottfried Herder, Unterhaltungen und Briefe über die ältesten Urkunden, in: Sämtliche Werke, hg. von Bernhard Suphan, 6 (1883) S. 180-187. Dazu Meinecke (wie Anm. 192) S. 359-386; Graevenitz (wie Anm. 178) S. 84-88. Andere Belege für *Zeitrechnung* bei Grimm (wie Anm. 62) Bd. 31 (1956) Sp. 570f.

195 Serge Bianchi, La révolution culturelle de l'an II. Élites et peuple 1789-1799 (1982) S. 198-203; Zemanek (wie Anm. 8) S. 100f.; Michael Meinzer, Der französische Revolutionskalender und die ›Neue Zeit‹, in: Die Französische Revolution als Bruch des gesellschaftlichen Bewußtseins, hg. von Reinhart Koselleck – Rolf Reichardt (1988) S. 23-71. Das letzte Zitat aus Georges Duby – Guy Lardreau, Geschichte und Geschichtswissenschaft. Dialoge (1982) S. 63.

196 Leopold von Ranke, Über die Epochen der neueren Geschichte, in: Aus Werk und Nachlaß, hg. von Theodor Schieder u. a., 2 (1971) S. 58-63 *Epochen;* dazu Burkhardt (wie Anm. 176) S. 101-109. Jacob Burckhardt, Über das Studium der Geschichte, hg. von Peter Ganz (1982) S. 108 *Werkzeug*, S. 276 *Uhr*. Das letzte Zitat aus Schieder (wie Anm. 21) S. 80. Zu Mommsen oben Anm. 61, zu Krusch Anm. 37, 38 und 52. Zur analogen Reaktion deutscher Romantiker Peter Utz, Das Ticken des Textes. Zur literarischen Wahrnehmung der Zeit, Schweizer Monatshefte (1990) S. 649-662 (Hinweis von Gustav Siebenmann).

197 Henning Eichberg, Der Umbruch des Bewegungsverhaltens. Leibesübungen, Spiele und Tänze in der Industriellen Revolution, in: Verhaltenswandel in der Industriellen Revolution, hg. von August Nitschke (1975) S. 118-135; Landes (wie Anm. 5) S. 4-6, 130f. Ich datiere die Anfänge der Stoppuhr später als Eichberg, nach Maurice (wie Anm. 162) Bd. 1 S. 284.

198 Thomas Nipperdey, Deutsche Geschichte 1800-1866. Bürgerwelt und starker Staat ([3]1985) S. 227-230 zu den Anfängen. Rolf Hackstein, Arbeitswissenschaft im Umriß 2 (1977) S. 412-424 Taylor. Zu dessen Umkreis David S. Landes, Der

entfesselte Prometheus. Technologischer Wandel und industrielle Entwicklung in Westeuropa von 1750 bis zur Gegenwart (1973) S. 297-302.

199 Herbert G. Wells, The Time Machine c. 3, in: The Collected Essex Edition 16 (1927) S. 21 und c. 12 S. 94 Standuhr; c. 4 S. 32 Jahr des Herrn; c. 11 S. 88 Tagesuhren. Dazu Michael Salewski, Zeitgeist und Zeitmaschine. Science Fiction und Geschichte (1986) S. 121-142.

200 Rolf Oberliesen, Information, Daten und Signale. Geschichte technischer Informationsverarbeitung (1982) S. 195-202, 212-248; Williams (wie Anm. 183) S. 150-158 *arithmomètre* von Charles X. Thomas und *Comptometer* von Dorr E. Felt. Holleriths *Counters*: The Origins of Digital Computers. Selected Papers, hg. von Brian Randell (1973) S. 135 f. Das Zitat aus Burke vollständig bei Vf. (wie Anm. 62) S. 663.

201 A Supplement to the Oxford English Dictionary, hg. von Robert W. Burchfield, 1 (1972) S. 601 der *Computer* von 1897. Zum Vorstoß der Astronomen: Das zweite Vatikanische Konzil. Konstitutionen, Dekrete und Erklärungen, hg. von Herbert Vorgrimler, 1 (1966) S. 108 f. Das Vaticanum selbst benutzte 1963 in seinen lateinischen Äußerungen zur Kalenderreform, ebd. S. 106-109, und zum Kirchenjahr, S. 86-95, das Wort *computus* nicht mehr.

202 Oberliesen (wie Anm. 200) S. 219 *Statistical Computer*, S. 228 Holleriths Firmennamen (Hinweis von Lothar Burchardt).

203 Heidegger, Sein und Zeit § 80-81, in: Gesamtausgabe, hg. von Friedrich-Wilhelm von Herrmann, 1/2 (1977) S. 543-564. Dazu Charles M. Sherover, The Human Experience of Time. The Development of Its Philosophical Meaning (1975) S. 455-465; kritischer Ernst Pöppel, Erlebte Zeit und die Zeit überhaupt. Ein Versuch der Integration, in: Die Zeit (wie Anm. 24) S. 369-382.

204 The Origins (wie Anm. 200) S. 241-246 *Computer* neben *Computing Machine* bei George R. Stibitz 1940; S. 305-325 ebenso bei John V. Atanasoff 1940, doch meinte *expert computer* S. 306 einen Menschen; S. 355-364 *Computor* (!) neben *Computing Device* bei John von Neumann 1945.

205 Paul Robert, Dictionnaire alphabétique et analogique de la langue française 6 (^{2}1985) S. 967; doch siehe unten Anm. 210. Den deutschen Sprachgebrauch bestimmte für eine Weile Karl Steinbuch, Die informierte Gesellschaft. Geschichte und Zukunft der Nachrichtentechnik (^{2}1968) S. 151 mit dem Vorschlag, *Elektronengehirn* und *Denkmaschine* zu vermeiden, *Computer* für Maschinen zu übernehmen und *Rechner* für Menschen zu reservieren.

206 *Abacus elements* bei Atanasoff 1940, in: The Origins (wie Anm. 200) S. 308. Goldstine (wie Anm. 8) S. 39 vorsichtig zum Abacus als Computer; unbekümmert Edgar P. Vorndran, Entwicklungsgeschichte des Computers (1982) S. 19-22. Zur vorwiegend nichtnumerischen Arbeitsweise neuerer Computer Weizenbaum (wie Anm. 8) S. 107-154. Zu Beda oben Anm. 55, zu Gerbert Anm. 92.

207 Lewis Mumford, Mythos der Maschine. Kultur, Technik und Macht (1974) S. 325 f., 537 f., 551 übertreibt die Kontinuität zwischen Räderuhr und Compu-

ter; ebenso Weizenbaum (wie Anm. 8) S. 40-46; Peter Gendolla, Die Einrichtung der Zeit. Gedanken über ein Prinzip der Räderuhr, in: Augenblick und Zeitpunkt. Studien zur Zeitstruktur und Zeitmetaphorik in Kunst und Wissenschaften, hg. von Christian W. Thomsen – Hans Holländer (1984) S. 47-58, hier S. 53 f. Den Bruch beschreibt aus mittelalterlicher Sicht Seibt (wie Anm. 161) S. 183-185, aus moderner Landes (wie Anm. 5) S. 186 f., 352 f., 376 f., der daraus eine *Quartz Revolution* macht. Über die »verbesserte Sekunde« berichtet am sachverständigsten und nüchternsten Zemanek (wie Anm. 8) S. 103-110.

208 Goldstine (wie Anm. 8) S. 342-347, mit dem Stolz des Pioniers, der von der Industriellen Revolution eine eigene *Computer Revolution* abheben wollte. Umsichtiger Carlo Schmid, Die zweite Industrielle Revolution, in: Propyläen-Weltgeschichte, hg. von Golo Mann, 10 (1961) S. 423-452, hier S. 438-444.

209 Herman H. Goldstine, New and Full Moons 1001 B. C. to A. D. 1651 (1973) S. V f. astronomische Chronologie. Zu ihrer modernen Vorgeschichte ders. (wie Anm. 8) S. 8, 27-30, 108, 327. Zu Hermann Vf. (wie Anm. 98) S. 436-440. Der Vorschlag zur historischen Chronologie bei Carl A. Lückerath, Prolegomena zur elektronischen Datenverarbeitung im Bereich der Geschichtswissenschaft, Historische Zeitschrift 207 (1968) S. 265-296, hier S. 284 f. Ein leidenschaftliches Plädoyer für Scaligers Julianische Tage und den Französischen Revolutionskalender bei dem Dichter Arno Schmidt, Trommler beim Zaren (1966) S. 183-191, 196-206; an Scaligers Fragen desinteressiert: Epochenschwelle und Epochenbewußtsein, hg. von Reinhart Herzog – Reinhart Koselleck (Poetik und Hermeneutik 12, 1987).

210 Fernand Braudel, Geschichte und Sozialwissenschaften. Die *longue durée*, jetzt in: Bloch (wie Anm. 122) S. 47-85, hier S. 70 das Zitat. Das Original von 1958 gebrauchte für Computer *machine à calculer*, nicht *ordinateur*. Zu den ›kliometrischen‹ Folgerungen Michael Erbe, Zur neueren französischen Sozialgeschichtsforschung. Die Gruppe um die ›Annales‹ (1979) S. 94-106.

211 Weizenbaum (wie Anm. 8) S. 9 die Zitate. Ernst Jünger, An der Zeitmauer (1959) S. 136 verachtet die Auswirkungen der *Rechenmaschinen*, erkennt aber S. 19-71 eine der zahlreichen Gegenbewegungen, das neuerliche Anwachsen astrologischer Neigungen.

212 Brockhaus Enzyklopädie 4 ([19]1987) S. 651-653. Der gleiche unreflektierte Sprachgebrauch 1974 bei dem Mediävisten Arnold (wie Anm. 189) S. 102 f.

213 Peter-Johannes Schuler, Datierung von Urkunden, in: Lexikon des Mittelalters 3 (1986) Sp. 575-580 Datum. Esch (wie Anm. 153) S. 321-332 Generation.

214 Zemanek (wie Anm. 8) S. 11 f., 47, 110-114, das letzte Zitat S. 114.

215 Julius T. Fraser, Die Zeit: vertraut und fremd (1988) S. 380-431.

216 Reinhart Koselleck, Wie neu ist die Neuzeit? Historische Zeitschrift 251 (1990) S. 539-553.

217 Bachmann, Die gestundete Zeit, in: Werke, hg. von Christine Koschel u. a., 1 (1978) S. 37, anspielend auf den Schlußsatz von Heidegger (wie Anm. 203) § 83 S. 577. Diskret zitiert von Horst Fuhrmann, Einladung ins Mittelalter (1987) S. 22.

Bildnachweis

S. 2 aus: Propyläen Kunstgeschichte 6 (1972) Farbtafel II, S. 6, 105, 127, 133, 134, 143 Archiv für Kunst und Geschichte, Berlin, S. 22 aus: Edmund Buchner, Die Sonnenuhr des Augustus (1982), S. 30 aus: Raffaella Farioli, Ravenna romana e bizantina (1977), S. 44, 112 aus: Kalender im Wandel (1982), S. 49 aus: Erwin Poeschel, Die Kunstdenkmäler der Schweiz, Kanton St. Gallen 3 (1961), S. 60 Bildarchiv Preußischer Kulturbesitz, Berlin, S. 62 aus: Jacques-Paul Migne, Patrologia latina 90 (1853), S. 64 Vatikanische Bibliothek, Rom, S. 70 Landesbibliothek Karlsruhe, S. 71 Kunstgewerbemuseum Berlin, S. 91 aus: Nan L. Hahn, Medieval Mensuration (1982), S. 92 aus: Lynn White jr., Die mittelalterliche Technik und der Wandel der Gesellschaft (1968), S. 117 aus: 350 Jahre Rechenmaschinen, hg. von Martin Graef (1973), S. 120 aus: Des Abenteuerlichen Simplicissimi Ewig-währender Kalender (Faksimileausgabe), S. 123 aus: Swift, Prose Works 11 (1965), S. 128 aus: Marie-Louise Biver, Fêtes révolutionaires à Paris (1979)

Nachträge

S. 18-20: Zur Frühgeschichte des Kalenderwesens und ihrer Nachwirkung Rudolf Wendorff, Tag und Woche, Monat und Jahr. Eine Kulturgeschichte des Kalenders (1993).

S. 21-23: Zum Zeitverständnis der römischen Kaiserzeit und seiner Nachwirkung Vf., Das Buch der Naturgeschichte. Plinius und seine Leser im Zeitalter des Pergaments (Abhandlungen der Heidelberger Akademie der Wissenschaften, Jahrgang 1994/2, 2. Aufl. 1995).

S. 29-37: Zu den Anfängen der christlichen Zeitrechnung und ihrer Nachwirkung Hans Maier, Die christliche Zeitrechnung (Herder-Spektrum 4018, 1991).

S. 41-46: Zu Beda und seiner Nachwirkung Wesley M. Stevens, Cycles of Time and Scientific Learning in Medieval Europe (Collected Studies 482, 1995).

S. 46-56: Zu den Kalendern des 8. Jahrhunderts und ihrer Nachwirkung Vf., Die karolingische Kalenderreform (MGH, Schriften 46, 1998).

S. 48-49: Zu Alkuin Dietrich Lohrmann, Alcuins Korrespondenz mit Karl dem Großen über Astronomie und Kalender; in: Science in Western und Eastern Civilization in Carolingian Times, hg. von Paul L. Butzer und Dietrich Lohrmann (1993) S. 79-114.

S. 50: Zur karolingischen Enzyklopädie Vf., Alkuin und die Enzyklopädie von 809, in Butzer – Lohrmann (wie zu S. 38) S. 53-78.

S. 58-65: Zur Einführung des Astrolabs The Oldest Latin Astrolabe, hg. von Wesley M. Stevens, Guy Beaujouan und Anthony J. Turner, Physis 32 (1995) S. 187-450, detailversessen.

S. 68-72: Zu Hermann Vf., Die Astrolabschriften Hermanns des Lahmen, in: Derselbe, Ritte über den Bodensee. Rückblicke auf mittelalterliche Bewegungen, 2. Aufl. 1992, S. 242-273.

S. 85-86: Zu Sacrobosco Jennifer Moreton, John of Sacrobosco and the Kalendar, Viator 35 (1994) S. 229-244.

S. 86: Zu Albertus Uta Lindgren, Albertus Magnus, De tempore, in: Thesaurus Coloniensis. Festschrift für Anton von Euw (1999) S. 131-146.

S. 88: Zu Grosseteste Jennifer Moreton, Grosseteste and the Kalendar, in: Robert Grosseteste. New Perspectives on His Thought and Scholarship, hg. von James McEnvoy (Instrumenta Patristica 27, 1995) S. 77-88.

S. 101-107: Zur Einführung der Räderuhr Gerhard Dohrn-van Rossum, Die Geschichte der Stunde. Uhren und moderne Zeitordnung (1992).

S. 124: Zur Einführung der Chronometer Anthony J. Turner, On Time and Measurement. Studies in the History of Horology and Fine Technology (Collected Studies Series 407, 1993); schlichter Dava Sobel und William J. H. Andrewes, Längengrad (1999).

S. 129-130: Zum Revolutionskalender Michael Meinzer, Der französische Revolutionskalender. Planung, Durchführung und Scheitern einer politischen Zeitrechnung (1992).